Unterwegs auf

den Spuren des UNESCO-Welterbes

in Benelux, an Mosel, Saar und Rhein

Ferdinand Dupuis-Panther

Unterwegs auf
den Spuren des UNESCO-Welterbes

in Benelux, an Mosel, Saar und Rhein

GEV

© 2006 by GEV (Grenz-Echo Verlag), Eupen
www.gev.be
buchverlag@grenzecho.be

Grafische Gestaltung, Scans, Fotobearbeitung: Cito Communication GmbH, Eupen (B)
Druck: Grenz-Echo printing, Eupen (B)
www.grenzecho.be
printing@grenzecho.be

ISBN 90-5433-202-6
D/2006/3071/3

Ohne ausdrückliche Genehmigung des Verlags ist es nicht gestattet, diese Publikation oder Teile davon auf fotomechanischem (Druck, Fotokopie, Mikrofilm, usw.) oder elektronischem Weg zu vervielfältigen, zu veröffentlichen oder zu speichern.

Printed in Belgium

INHALT

11	**EINLEITUNG:** Das Welterbe zwischen IJsselmeer, Rhein, Maas und Schelde

13 Welterbe in Benelux – eine Übersicht
15 Was ist das UNESCO-Welterbe?

WELTERBE IN DEN NIEDERLANDEN
1 VON EDAM NACH HAARLEM
17 Beemster-Polder: eine Landschaft vom Reißbrett
22 Der Befestigungsgürtel von Amsterdam
25 Festungsgürtel von Amsterdam: Von Fort Edam zum Fort Penningsveer

2 VON HAARLEM NACH MUIDEN
34 Festungsgürtel von Amsterdam: Von Fort Vijfhuizen zum Fort Pampus

3 VON KAMPEN NACH LEMMER
44 Polderlandschaft Schokland: Dem Meer abgetrotzt
47 Das Dampfpumpwerk D. F. Wouda in Lemmer (Friesland)

4 VON ROTTERDAM NACH UTRECHT
51 Mühlenanlagen in Kinderdijk-Elshout
55 Utrecht: Das Rietveld-Schröder-Haus – ein Haus wie kein anderes

WELTERBE IN BELGIEN

5 VON ANTWERPEN NACH MECHELN
61 Antwerpen: Himmelsstürmer in der „Bücherstadt"
66 Vom Leben der Beginen
68 Hoogstraten: Ein Beginenhof weckt Bürgersinn
70 Turnhout: Sint-Beggaplein und Heilig-Kreuz-Kirche
72 Herentals: Ein Turm mit „Birnenspitze"
74 Lier: Idylle im „Venedig des Kempenlandes"
77 Mecheln: Fröhliches Glockenspiel und fromme Frauen
83 Bürgerstolz mit Glockenspiel

6 VON BRÜSSEL ZUM CANAL DU CENTRE
85 Brüssel: Die Grand-Place – Vorhang auf für ein Welterbe
95 Brüssel: Jugendstilbauten des Architekten Victor Horta
102 Tournai: Die Liebfrauenkathedrale und der wohl älteste Glockenturm Belgiens
106 Mons: Weltkultur in der „Stadt auf dem Hügel"
107 Spiennes/Mons: Erinnerung an die Steinzeit
109 La Louvière: Die vier Schiffshebewerke des Canal du Centre

7 VON DENDERMONDE NACH OUDENAARDE
113 Dendermonde: Nicht nur Haimoniskinder und Karneval
117 Aalst: Einmal im Jahr tanzen die Narren ums Schöffenhaus
119 Gent: Tuchhandel, Glockenspiel und Frauenbünde

INHALT

123 Eeklo: Ein Glockenturm der Moderne
124 Tielt: Tuchhalle, Schöffenkammer und Hallenturm
125 Roeselare: Welterbe in der „Radlerstadt"
127 Diksmuide: Ein historisches Welterbe

129 Nieuwpoort: Welterbe in Brügges ehemaligem Vorhafen
131 Veurne: Ein Landhaus mit Glockenturm
133 Lo-Reninge: Ein Miniglockenspiel im Rathaus
134 Ypern: Welterbe in einer westflämischen Festungsstadt
138 Menen: Ein Glockenturm, der wuchs und wuchs
139 Kortrijk: Manten und Kalle geben die Zeit vor
142 Oudenaarde: Ein „Reliquienkästchen" als Rathaus

8 BRÜGGE
145 Eine Altstadt im Rhythmus des Glockenschlags

9 VON LÖWEN NACH TONGERN
155 Löwen: Statt gottesfürchtiger Frauen lebenslustige Studenten
158 Diest: Kunst und Gaumenfreuden im Beginenhof
161 Tienen: Welterbe in der „süßesten flämischen Stadt"
163 Zoutleeuw: Dem Bildersturm entronnen
165 Sint-Truiden: Ein Beginenhof im Gedenken an die heilige Agnes
169 Tongern: Welterbe in der Stadt des Ambiorix

10 VON BINCHE NACH NAMUR
173 Binche: Nicht nur die Stadt des Karnevals
175 Thuin: Ein Welterbe im „Stiefel des Hennegaus"
177 Charleroi: Ein Glockenturm der Moderne
179 Namur: Ein Turm für den heiligen Jakob

1 1 WELTERBE IN LUXEMBURG
181 Luxemburg-Stadt: Das Gibraltar des Nordens

1 2 AUSFLÜGE ZUM WELTERBE IN KÖLN, BRÜHL UND ESSEN
189 Der Kölner Dom: Ein gotischer Himmelsstürmer am Rhein
196 Augustusburg und Falkenlust in Brühl: Zwei Schlösser des Rokoko

200 Die Zeche Zollverein in Essen: Von der Kohleförderung zur Hochkultur
206 Eine Zechentour auf Zeche Zollverein

1 3 AUSFLUG ZUM WELTERBE IN AACHEN
209 Der Aachener Dom – mehr als die Grablege Karls des Großen

14 AUSFLUG ZUM WELTERBE IN SPEYER, TRIER UND VÖLKLINGEN

215 Speyer: Kaiser, Mönche und Patrizier
220 Trier: Römischer Kern und romanische Hülle
228 Alte Hütte Völklingen: Ein Methusalem der modernen Eisenzeit
234 Ferrodrom, Science Center zur „Erlebniswelt des Eisens"

237 **ORTSREGISTER**

239 **FOTONACHWEIS**

Einleitung: Das Welterbe zwischen Ijsselmeer, Rhein, Maas und Schelde

Die Pyramiden von Gizeh, die Kasbah von Algier, die Altstädte von Riga, Tallinn und Vilnius, die Hansestädte Visby, Brügge, Stralsund, Wismar und Lübeck teilen eine Gemeinsamkeit: Sie sind als „Schätze der Menschheit" mit dem Titel „Welterbe" durch die UNESCO „geadelt" worden. Die Antike hatte ihre Weltwunder, wir hingegen haben eine stetig wachsende Liste von Kultur- und Naturdenkmälern, die es zu bewahren gilt.

Auch und gerade vor der eigenen Haustür gibt es ein sehenswertes, bisweilen wenig entdecktes Welterbe: Glockenklang empfängt den Reisenden, der in flämischen Städten unterwegs ist, ob nun in Mecheln, Brügge, Tongern oder Gent. Oasen der Ruhe wie die Beginenhöfe in Diest, Gent, Brügge und Löwen laden zum Verweilen ein. Fromme Frauen wird man hier allerdings mit Ausnahme des Beginenhofs in Brügge nicht mehr antreffen. An die „moderne Eisenzeit" erinnern die Schiffshebewerke des Canal du Centre, auf dem bis heute Güterverkehr abgewickelt wird. Und Zeiten des Aufbruchs waren es, als Viktor Horta Jugendstilhäuser für eine wohlhabende Brüsseler Klientel entwarf.

Wie das Meer das Leben in den „niederen Landen" bestimmt, erfährt man auf einer Reise durch die nördlichen Niederlande. Mit Wasser widersetzte man sich Angriffen von außen, baute die Stelling van Amsterdam, einen Befestigungsring rund um Amsterdam. Dank Trockenlegungen durch Pumpwerke wie in Lemmer bekommt man keine nassen Füße beim Besuch der einstigen Insel Schokland, deren Bewohner jahrzehntelang den Fluten trotzten. Die Weiden, Äcker und Dörfer im Beemster-Polder gäbe es nicht, hätten nicht Windmühlen einst für das „Mahlen des Wassers" und damit für die Landgewinnung gesorgt. Nahezu genial ist der Mühlengang von Kinderdijk, wenn er auch heute keine Funktion mehr hat, um das Land „trocken zu mahlen". Als diese Mühlen und Ausgleichsbecken jedoch geschaffen wurden, waren sie ein Segen für die ortsansässige Bevölkerung.

Auch der kleinste Staat des Staatenbundes Belgien-Niederlande-Luxemburg ist stolz auf sein Welterbe: Die Unter- und die Oberstadt der „Feste" Luxemburg-Stadt ist dank des Festungsbaumeisters Ludwig XIV. das „Gibraltar des Nordens" und zieht bis heute Besucher von nah und fern an.

Eine Reise ist auch das romanische und römische Trier wert, ganz abgesehen von den beiden wichtigsten Sakralbauten Deutschlands, vom Kölner Dom, vom

Aachener Dom und vom Dom zu Speyer. In die Blütezeit von Stahl und Kohle versetzt uns ein Abstecher zur Zeche Zollverein in Essen. Welch Kontrast ist dieser „Methusalem des schwarzen Goldes" gegenüber dem

Prunk und Glanz des fürstbischöflichen Schlosses Augustusburg in Brühl unweit von Bonn und Köln.

Ferdinand Dupuis-Panther

Der Kölner Dom bei Nacht

Welterbe in Benelux - eine Übersicht

Welterbe in den Niederlanden

- 1995: Polderlandschaft Schokland
- 1996: Festungsgürtel von Amsterdam
- 1997: Mühlenanlagen in Kinderdijk-Elshout
- 1998: Dampfpumpwerk D. F. Wouda in Lemmer / Friesland
- 1999: Beemster-Polder
- 2000: Rietveld-Schröder-Haus in Utrecht

Welterbe in Belgien

- 1998: Flämische Beginenhöfe
- 1998: Die vier Schiffshebewerke des Canal du Centre
- 1998: Der Große Platz (Grand-Place/Grote Markt) in Brüssel
- 1999: Mittelalterliche Glockentürme in Flandern und Wallonien
- 2000: Jungsteinzeitliche Feuersteinminen bei Spiennes (Mons)
- 2000: Altstadt von Brügge
- 2000: Kathedrale Notre Dame in Tournai
- 2000: Jugendstilbauten von Victor Horta in Brüssel
- 2005: Das Plantin-Moretus-Museum in Antwerpen

Welterbe in Luxemburg

- 1994: Altstadt und Festungen von Luxemburg

Grenznahes Welterbe in Deutschland

- 1978: Aachener Dom
- 1981: Dom in Speyer
- 1984: Schlösser Augustusburg und Falkenlust in Brühl
- 1986: Römische Baudenkmäler, Dom und Liebfrauenkirche in Trier
- 1994: Völklinger Hütte
- 1996: Kölner Dom
- 2001: Industriekomplex Zeche Zollverein in Essen

Was ist das UNESCO-Welterbe?

In einer Welt, die immer schnelllebiger wird, droht die Vergangenheit in Vergessenheit zu geraten. Zeugnisse vergangener Kulturen und einzigartige Naturlandschaften werden Opfer einer teilweise fragwürdigen Zukunftsentwicklung.

Um die „Schätze der Menschheit", wie die Pyramiden von Gizeh, die Freiheitsstatue, den Tower of London, den Kölner Dom und das Schloss von Versailles, dauerhaft ins Bewusstsein der Öffentlichkeit zu rücken und zudem auf Dauer zu bewahren und zu schützen, wurde von der Organisation der Vereinten Nationen für Bildung, Wissenschaft, Kultur und Kommunikation, kurz UNESCO, 1972 die „Internationale Konvention für das Kultur- und Naturerbe der Menschheit" geschaffen. Staaten, die diese Konvention unterzeichnet haben, verpflichten sich zum nachhaltigen Schutz von Baudenkmälern und Natur- sowie Kulturlandschaften innerhalb ihrer Ländergrenzen. Mittlerweile haben 178 Staaten diese Konvention unterzeichnet.

Weltweit sind zurzeit 788 Stätten auf der UNESCO-Liste des Welterbes verzeichnet. Dieses Welterbe teilt sich in 611 Kulturdenkmäler und 154 Naturdenkmäler auf. Weitere 23 Denkmäler sind beiden Kategorien zuzurechnen. Einzeldenkmäler wie der Dom zu Speyer oder die Kathedrale Notre Dame in Tournai gehören ebenso wie Flächendenkmäler – darunter die Hansestädte Lübeck, Brügge und Stralsund – und Kultur- sowie Naturlandschaften – man denke an die Wachau oder die Galapagosinseln – zum „Erbe der Menschheit".

Kriterien für die Anerkennung eines Baudenkmals oder einer Naturlandschaft als Welterbe sind die Einzigartigkeit und die historische Echtheit eines Kulturdenkmals oder die geschlossene Erhaltung einer Naturlandschaft.

Den jeweiligen Staaten wird gleichzeitig mit der Aufnahme eines Kultur- oder Naturmonuments auf diese Liste des Welterbes aufgetragen, seine Bewahrung beispielsweise durch gezieltes Management oder veränderte Bebauungspläne zu sichern. Baudenkmäler und Naturlandschaften, die als Welterbe in ihrer Existenz bedroht sind, werden auf eine Rote Liste gesetzt. Wird nichts zu ihrer Erhaltung unternommen, werden diese Baudenkmäler und Naturlandschaften von der Liste des Welterbes entfernt.

Beemster-Polder:
EINE LANDSCHAFT VOM REISSBRETT

Beemster-Polder – heute zwischen 5,5 und 2,9 Meter unter dem Meeresspiegel liegend und durch seine rechteckigen landwirtschaftlichen Parzellen charakterisiert – ist im Rahmen der Landgewinnung entstanden. Die Entstehung dieser nordholländischen Kulturlandschaft lässt sich bis ins 17. Jahrhundert zurückverfolgen. Damals wurden Landbauflächen von je 185 Meter Breite und 930 Meter Länge gewonnen. Diese Flächenraster finden wir auch heute, Jahrhunderte später, noch genauso vor. Sie geben Auskunft über das Verständnis von Harmonie und Symmetrie des so genannten Goldenen Zeitalters.

EIN ZIMMERMANN SORGTE FÜR „TROCKENE FÜSSE"

Begonnen hatte das Projekt der Trockenlegung dieses Fleckchens Erde mit einem Beschluss des Hofs von Holland im Jahr 1607. Reiche Kaufleute aus Amsterdam finanzierten mit Geldern aus dem Ostindienhandel dieses Unterfangen. Ohne den Zimmermann und Mühlenbauer Jan Adriaanszoon Leeghwater (1575–1650) wäre das Beemstermeer allerdings Sieger geblieben. Er, der selbst von den Stürmen und Fluten betroffen war, war maßgeblich am Bau von Kanälen, Deichen und

Schnurgerade Straßen durchziehen die Polderlandschaft von Beemster.

Ein Denkmal für den Spiritus Rector um Beemster-Polder: Jan Adriaenszoon Leeghwater

43 Mühlen beteiligt, um das Land westlich von Purmerend trocken zu legen. Zunächst wurden ein Ringkanal und starke Deichanlagen gebaut. Gräben und Züge wurden gegraben, um fruchtbares Land zu gewinnen; Mühlen wurden in einem so genannten Mühlengang platziert, um das „Wasser zu mahlen" und auf diese Weise abzupumpen. Die meisten Mühlen aus jener Zeit, so die des Rijpermühlengangs wurden im 19. Jahrhundert abgebrochen.

Als man die Mühlen abtrug und verkaufte, hatte man bereits eine Alternative zur Windkraft gefunden: Die Dampfkraft sollte das anhaltende Problem lösen, das gewonnene Land gegen die Allgewalt des Wassers zu schützen. Daher baute man drei dampfbetriebene Pumpwerke in Oosthuizen und De Rijp. Das Pumpwerk in Oosthuizen sorgte bis 1921 mit Dampfkraft und anschließend mit einem Dieselmotor dafür, dass die Bewohner der Gegend trockene Füße hatten.

DAS WASSER REGULIERT DEN ALLTAG

Bis heute muss sehr sorgsam mit der Beherrschung des Wassers im Beemster-Polder umgegangen werden: Einige Bewohner brauchen einen gewissen Wasserstand, damit die Pfähle, auf denen ihre Häuser ruhen, nicht verrotten, andere wie die Viehbauern wollen trockene Wiesen für Schafe und Kühe. An beinahe 70 Messstellen wird heute jeweils nach den Wünschen der Bewohner der Wasserstand kontrolliert und entsprechend durch den Einsatz von Pumpstationen reguliert. Neben den Pumpwerken sind es die Deiche, die den Beemster-Polder trocken

Beemster Mühlen

Middenbeemster: Ursprünglich eine „Sommerresidenz" für reiche Amsterdamer

halten, ob nun der Zuiddijk zum Noordhollandskanaal oder der West- und der Oostdijk.

Leben mit dem Flächenraster

Die schnurgeraden, von Bäumen gesäumten Polderwege wie Zuiderweg und Volperweg, die rechteckigen Ländereien und die Häuser mit ihren hohen pyramidalen Dächern, die an Haubarge der Halbinsel Eiderstedt erinnern, sind für die Gegend charakteristisch. Im Flächenraster des Beemster-Polders nimmt das Hauptdorf Middenbeemster den Mittelpunkt ein. Rijperweg und Middenweg bilden hier ein Straßenkreuz, an dessen Kreuzungspunkt die Wohnbebauung erfolgte.

Schon von weitem sind die mit roten und schwarzen glasierten Ziegeln gedeckten Pyramidendächer in der flachen Landschaft auszumachen. Man findet einstige Landhäuser reicher Amsterdamer wie den symmetrisch gegliederten, klassizistisch anmutenden Rustenhoven von 1665, aber auch die 1623 vollendete Kirche von Middenbeemster, die 1661 ihren backsteinroten Turm erhielt. Klassizistische Strenge paart sich mit formalen Vorgärten, in denen Buchsbaumhecken und Rosenstöcke wachsen. Im ehemaligen Pastorat, einem klassizistischen Bau von 1665, wird heute an das Leben der Schriftstellerin Betje Wolff (1738–1804) erinnert. Wer einen Blick in ein typisches Bauernhaus der Gegend werfen und sich ein Bild vom bäuerlichen Leben um 1900 verschaffen möchte, der sollte das Agrarisch Museum Westerhem besuchen, das hinter einem freistehenden Herrenhaus steht und 1877 als Bauernhof erbaut wurde. Ähnlich wie im norddeutschen Ständerhaus leben Mensch und Vieh im Beemster Bauernhaus unter einem Dach. Rund um den so genannten Heuberg sind Stall, Wohnstube und Diele gruppiert. Über dem Sommerstall, der Käserei und dem Pferdestall liegt der Heuboden.

Um den Erhalt des Welterbes Beemster-Polder kümmern sich heute die Gemeinde Beemster und der Wasserverband De Waterland gemeinsam. Sie achten darauf, dass die 7200 Hektar Land und die 38 Kilometer langen Deiche erhalten bleiben sowie etwa 25 Millionen Kubikmeter Wasser in jedem Jahr abgepumpt werden. Zu den Aufgaben der Gemeinde und des Wasserverbandes gehört die Sorge dafür, dass unter Beibehaltung der ursprünglichen Parzellierungen neue Wohngebiete wie das Neubaugebiet Groene Poort nordöstlich von Middenbeemster entstehen können und die Kulturlandschaft Beemster-Polder sich im 21. Jahrhundert weiterentwickelt.

Die neue Bebauung „Groene Poort" passt sich harmonisch der alten Bausubstanz an.

Kurz & kompakt

Tourismusinformationen

Stichting Beemster Werelderfgoed
PO Box 15
1462 ZG Middenbeemster
Tel.: 0299-62 18 26
E-Mail: infocenter@beemsterinfo.nl
www.beemsterinfo.nl

VVV Middenbeemster
Middenweg 185
1462 ZG Middenbeemster
Tel.: 0299-6821 47
www.noord-holland-tourist.nl

Museen

Agrarisch Museum Westerhem
Middenweg 185
1462 HJ Middenbeemster
Tel.: 0299-68 13 27

Unterkünfte

Hotel De nieuwe Tuinbouw
Purmerenderweg 167
1461 DJ Zuidoostbeemster
Tel.: 0299-42 37 48

Bed & Breakfast Beemster
Familie Oortwijn - Purmerenderweg 88
1461 DK Zuidoostbeemster
Tel.: 0299-42 51 47
E-Mail: piet.oortwijn@worldonline.nl

Camping „In het fruit"
Volgerweg 86
1461 CB Zuidoostbeemster
Tel.: 0299-43 07 75
E-Mail: inhetfruit.nl@wolmail.nl

Restaurants/Cafés

Restaurant De Beemster Hofstee
Middenweg 48
1463 HC Noordbeemster
Tel.: 0299-69 05 22
E-Mail: info@beemsterhofstee.nl
www.beemsterhofstee.nl

Het Heerenhuis Beemster
Rijperweg 83
1462 MD Middenbeemster
Tel.: 0299-68 20 10
E-Mail: post@hetheerenhuis.nl
www.hetheerenhuis.nl

Beemster Pannekoeken- en Spijshuis
Middenweg 177
1462 HJ Middenbeemster
Tel.: 0299-68 13 71
www.beemsterspijshuis.nl

Café De Oude Munt
Middenweg 169
1462 HJ Middenbeemster
Tel.: 0299-68 32 12
E-Mail: info@deoudemunt.nl
www.deoudemunt.nl

Radverleih

Bei VVV Middenbeemster, s. o.

Radtouren

Beemsterroute (39 km), Fortenroute (135 km, Weesp, Abcoude, Uithoorn, Hoofddorp, Krommenie, Wormerveer, Purmerend, Amsterdam-Zeeburg, Diemen)

Der Befestigungsgürtel von Amsterdam

Wer heute die Forts rund um Amsterdam aufsucht, kann sich kaum in die Zeit zurückversetzen, als diese für das Nonplusultra der Verteidigung der niederländischen Hauptstadt Amsterdam gehalten wurden. Ohne das Festungsgesetz von 1874 wäre es auch nie zum Bau von Fort Edam, Fort Abcoude und Fort Weert gekommen.

Die Niederlande waren im ausgehenden 19. Jahrhundert noch dünn besiedelt. Haarlemmermeer und die IJ waren trocken gelegt, doch das IJsselmeer war noch immer die Zuidersee, als man an die Planung eines neuen Verteidigungssystems dachte. Verteidigungsbollwerke zum Schutz von Amsterdam hatte es bereits im 17. Jahrhundert gegeben, als die so genannte Holländische Wasserlinie errichtet wurde: Längs einer Linie von Muiden im Norden über die Vecht und Heusden bis zur Maas konnte man das Land unter Wasser setzen, um den vorrückenden Feind aufzuhalten. Gegen die Franzosen, die 1672 in die Niederlande einfielen, war diese Art der Verteidigung ebenso erfolgreich wie gegen die 1787 vorrückenden Preußen. Doch als im strengen Winter 1794/95 die großen Flüsse zugefroren waren, war dies die Stunde des revolutionären Frankreichs: Ungehindert konnten französische Verbände die Niederlande einnehmen und die Batavische Republik proklamieren.

Ein Bollwerk gegen den anrückenden Feind: Fort Abcoude

Verhallt ist der Geschützdonner: Fort Hoofddorp

Nach dem Wiener Kongress von 1815 schienen die Zeiten friedlicher. Doch die Niederländer trauten diesem Frieden nicht, sodass unter dem Kriegsminister A. E. Reuther ein Haushaltsplan für den Bau des Befestigungsgürtels von Amsterdam verabschiedet wurde. In einem Halbkreis rund um Amsterdam sollten befestigte Stellungen errichtet werden. Der Verteidigungsring erstreckte sich von Edam über Beverwijk und Hoofddorp bis nach Weesp und wurde als das nationale Befestigungswerk angesehen, hinter dessen Linie sich die Regierung und Bevölkerung im Falle eines Angriffs zu Lande zurückziehen konnte.

Als erstes Kettenglied des Verteidigungsringes wurde das Fort Abcoude südlich von Amsterdam erbaut. Weitere 14 Forts entstanden zwischen 1897 und 1906. Diese Forts lagen etwa drei Kilometer voneinander entfernt, also außer Reichweite der damals genutzten Geschütze. Doch die Entfernungen waren so gewählt, dass bei einem etwaigen Angriff Unterstützungsfeuer von benachbarten Forts aus erfolgen konnten.

1904 war der Verteidigungsring soweit gediehen, dass rund 670.000 Bürger und 200.000 Soldaten nach einem feindlichen Angriff und einer nachfolgenden Belagerung ein halbes Jahr lang innerhalb des Rings überleben konnten. Um den Ernstfall zu üben, wurden immer wieder Mobilisierungen durchgeführt. Außerhalb dieser Zeiten standen die Forts leer: Es gab keine Besatzung und auch keine Einrichtung mit Betten, Bänken oder Tischen.

Das Vorfeld vor den Forts und Geschützstellungen durfte nicht bebaut werden. Innerhalb der Verteidigungslinie gab es Kasernen, Remisen, Wälle und Geschützstände. Alle Anlagen waren von einem Wassergraben umschlossen. Dieser Graben umgab den Frontwall und das Vorgebäude, einen Befestigungsgang für den etwaigen Ausfall, das Hauptgebäude und die Geschütztürme sowie die Kasematten. Außerhalb des Grabens lagen die Wohnung des Fortwächters und ein Schuppen. Nur einige wenige sind, da als Weinhandlung, als Galerie oder als Restaurant genutzt, für die Öffentlichkeit zugänglich. Einige Forts können außerdem im Rahmen von Naturführungen oder während des so genannten Monats der Forts besichtigt werden.

Auf den ersten Blick gleicht das Verteidigungswerk zum Schutz der niederländischen Hauptstadt einer Ansammlung von Dämmen und Deichen am Rande von Weiden, auf denen Kühe friedlich grasen. Erst bei näherem Hinsehen sind Schleusen, Pumpwerke und von Wassergräben umgebene Forts auszumachen. Wie jene in Spaarndam werden sie durch überwölbte Laufgänge miteinander verbunden, die von sattem Grün bedeckt sind. Dass diese idyllisch anmutenden Anlagen gemeinsam ein uneinnehmbares Bollwerk gegen feindliche Angriffe bilden sollten, ist kaum zu glauben. Seitdem konventionelle Kriege aus der Luft geführt und durch die Luftwaffe entschieden werden, ist das Konzept überholt, durch Fluten des Landes den Feind aufzuhalten.

Insgesamt besteht der ehemalige Verteidigungsring aus 42 Forts und Gefechtsstellungen, die sich auf einer Länge von 135 Kilometern verteilen. Für lange Zeit waren diese Stellungen für die Bürger des Landes verbotenes Terrain, das in einem Dornröschenschlaf gefangen war. Erst in den letzten zehn Jahren nehmen immer mehr Niederländer wahr, dass ihr Land nicht nur durch die Stelling van Amsterdam, sondern auch von anderen Verteidigungslinien durchzogen ist. Unterdessen sind die Forts längst nicht mehr dem Verteidigungsministerium unterstellt, sondern gehören wie das Fort bij Spijkerboor der Vereniging Natuurmonumenten, werden wie Fort aan den Ham als Museum genutzt oder dienen wie das Fort Ossenmarkt in Weesp der Musikschule und anderen gemeindlichen Gruppen als Domizil.

Festungsgürtel von Amsterdam:
VON FORT EDAM ZUM FORT PENNINGSVEER

Wer an Edam denkt, denkt an Käse, und das ist auch durchaus nahe liegend, kennt doch jeder den herzhaften Edamer. Nur noch in den Straßennamen Noordervesting, Westervesting und Zuidervesting kann man den Festungscharakter des pittoresken Städtchens entdecken. Wer durch die kopfsteingepflasterten Gassen und Straßen flaniert, stößt auf schmucke Backsteinhäuser mit Treppengiebeln, erblickt die eine oder andere Backsteinfassade mit barockem Bauschmuck und hört den Wohlklang des Glockenspiels, das im „Schiefen Turm von Edam" (1561)

Hier reift der leckere Edamer.

Karte von Beemster aus dem 15. Jahrhundert

untergebracht ist. Dass Edam im 17. Jahrhundert nicht nur eine wohlhabende Handelsstadt war, sondern auch die Schiffbauer für den Ruf der Stadt sorgten, wissen wenige. Auf 33 Werften wurden berühmte Schiffe gebaut, so auch die „Halve Maan", mit der 1609 die Nordpassage nach Ostindien erkundet werden sollte. Die Reise endete allerdings in Manhattan (New York).

Edam besitzt nicht nur eine der größten Kirchen des Landes, sondern auch ein sehenswertes Rathaus, ganz abgesehen vom historischen Käsemarkt, der in den Sommermonaten vornehmlich für die Besucher Edams vor der Käsewaage inszeniert wird. Interessierte schauen zu, wie die Käseträger den Käse zur Käsewaage transportieren. Mit dem Läuten einer Glocke wird der schwunghafte Handel eröffnet. Ohne eine Bohrprobe wechselt jedoch kein Käse den Besitzer, will doch der Käufer die Gewähr für die richtige Geschmacksnote erhalten. Wenn sich Händler und Bauern nach dem Feilschen über den Preis geeinigt haben, dann besiegelt bis heute ein Handschlag das Geschäft.

Wenn Edam auch „entfestet" wurde, gibt es dennoch bis heute das Fort Edam, das unmittelbar hinter dem Ijsselmeerdijk (ehemals Zuiderzeedijk) und nahe der IJsselmeerschleuse liegt. Es untersteht der staatlichen Forstverwaltung (Staatsbosbeheer) und wird teilweise als Weinkeller genutzt. Sinn und Zweck des Forts, das im Wesentlichen in der Zeit zwischen 1894 und 1912 gebaut wurde, war es, die damalige Zuiderzeeschleuse zu schützen und den feindlichen Einfall über die damalige Zuiderzee zu verhindern. Ursprünglich war das Fort mit einem Geschütz ausgestattet, das in der so genannten Panzerkasematte untergebracht war und nicht, wie sonst üblich, in einem Geschützturm.

Unterwegs zu den Forts am Noordhollandskanaal

Wer sich von Edam aus Richtung Purmerend aufmacht und dabei am Rande des Polders De Zeevang entlangfährt, gelangt über Kwadijk zum Fort Benoorden Purmerend, das man am besten vom Deich an der Beemster Ringvaart aus sieht. Da das Fort durch den Weinimporteur J. Bart

Vom Seedeich nur als Naturreservat zu erkennen: Fort Edam

Von Edam nach Haarlem (Festungsgürtel von Amsterdam)

war 1866. Nach dem Ende des Ersten Weltkriegs nutzte man das Fort für einige Zeit als Gefängnis für Kriegsdienstverweigerer. Bis zu 80 Gefangene waren hier wie auch in den Forts am Jisperweg und im Fort bei Spijkerboor untergebracht. Außer dem mit Beton verstärkten Fort sind heute noch das Wachhäuschen und das Haus des Fortwächters erhalten.

Eine Überraschung hält das nächst gelegene Fort, am Middenweg, bereit, das zwischen 1889/90 und 1912/13 entstand und heute im Besitz der Vereinigung Naturmonumenten ist. Die auf dem Gelände des Forts auftretenden starken Temperaturschwankungen begünstigen eine Dünenvegetation mit so seltenen Pflanzenarten wie Fetthenne, Wildes Vergissmeinnicht, Echtes Labkraut, Quendelsandkraut und Pfennigkraut. In den Gewässern tummeln sich Süßwassergarnelen und auch die Waldohreule ist auf dem Fortgelände heimisch geworden. Ungewöhnliche Pflanzenarten wie die Rauhaarige Wicke und das Blaue Labkraut bietet auch das Fort am Jisperweg, dessen

Weinfässer vor dem Fort Purmerend

und durch das Restaurant „La Ciboulette" genutzt wird, ist die Anlage für Besucher zugänglich.

Die drei Forts längs des Nordholländischen Kanals, der im Süden den Beemster-Polder abschließt, sind nur deshalb auszumachen, weil in der flachen Landschaft die buckligen Erdwälle, die Wassergräben und die durch dichten Baumbestand teilweise durchscheinenden Fortgebäude zu sehen sind. Das erste dieser Forts, das Fort am Nekkerweg, liegt am Rande der Gemeinde Zuidoostbeemster und wird im Volksmund auch Fort Halfweg genannt. Baubeginn dieses Forts, das der Verteidigung der Zugänge über Nekkerweg und Volgerweg diente,

Verborgen hinter Bäumen liegt Fort Nekkerweg.

Nur aus der Ferne zu sehen: Fort Spijkerboor am Rande des Beemster-Polders.

Bau bis 1914 im Wesentlichen abgeschlossen war. Neben seltenen Insekten zählen zu den gefiederten Gästen des Forts unter anderem Zaungrasmücke, Sumpfrohrsänger, Mönchsgrasmücke und Pirol. Es erweist sich, dass die Forts für den Schutz von Flora und Fauna von großer Bedeutung sind, zugänglich sind sie deshalb nur im Rahmen von Führungen.

Vom Fort bei Spijkerboor zum Fort Penningsveer

Das Fort bei Spijkerboor ist aufgrund seines Geschützturms mit Kuppel schon von weitem gut auszumachen. Dieser Turm ist bis heute mit einer zweiläufigen Schnellfeuerkanone bestückt, die 1911 von Krupp-Gruson hergestellt wurde. Die Zufahrt zum Fort ist an Tagen, an denen auf dem Gelände keine Führungen stattfinden, durch eine Schranke versperrt. Mit dem Bau dieses Forts wurde 1886/87 begonnen. Ursprünglicher Zweck des Forts war die Verteidigung der Zufahrten, Wege und Deiche an der Westelijke Beemsterringvaart. Dazu war eine Besatzung von bis zu 358 Mann im Fort vorgesehen.

Vor dem Ersten Weltkrieg war die Befestigungsanlage bereits voll funktionsfähig. Sie diente zwischen 1918 und 1921 als Gefängnis für Wehrdienstverweigerer; im Zweiten Weltkrieg waren hier zeitweilig Kriegsgefangene untergebracht. Und auch von 1947 bis 1950 wandelte man das Fort in ein Gefängnis um, um holländische Nazis und Kollaborateure zu internieren. Seit 1992 gehört das Fort der Vereinigung

Natuurmonumenten, die zwischen 2001 und 2004 für eine umfassende Instandsetzung des Forts sorgte. Auch hier haben sich mittlerweile besondere Tiere und Pflanzen angesiedelt: So brüten auf dem Gelände Turmfalken und Bluthänflinge, wachsen das Kleine Habichtskraut, Frühlingshungerblümchen und das Blaue Labkraut, ganz abgesehen von Natterkopf und Graukresse.

Wir setzen unsere Erkundung des nördlichen Teils des Festungsgürtels von Amsterdam mit dem Besuch von Fort Markenbinnen fort, das als Übungszentrum für die regionalen Feuerwehren genutzt wird. Ursprünglich diente dieses Fort der Verteidigung der Markenvaart und der umliegenden Zugangswege. Diese Verteidigungsanlage liegt relativ isoliert und hat keine direkten Verbindungswege zu den Forts bei Spijkerboor und bei Krommeniedijk.

Weiter verläuft die so genannte Fortenroute, die man auch mit dem Rad oder zu Fuß zurücklegen kann, zum Fort bei Krommeniedijk. In den ersten Jahren des 20. Jahrhunderts wurde der Ausbau dieser Stellung beendet und 1956 der Status des zwischen den Uitgeesterbroek- und Heemskerkerbroek-Poldern liegenden Forts als Verteidigungswerk aufgehoben. Bei der Besichtigung des historischen Bauwerks sollte man es nicht versäumen, hier die Baum- und Turmfalken zu beobachten.

Das Fort aan den Ham ist das nächste Ziel der Erkundung des Befestigungsgürtels rund um die niederländische Hauptstadt.

Führung durch das Fort am Markenbinnen „Tag des offenen Forts"

Die schweigenden Geschütze der Nevenbatterij bei Fort Ham.

Auch dieses Fort wurde zum Ende des 19. Jahrhunderts angelegt und zum gleichen Zeitpunkt wie das Fort bei Krommeniedijk geschleift. Wesentliche Aufgabe dieses Forts war die Verteidigung der Eisenbahnlinie Uitgeest–Krommenie. Zu diesem Zwecke sollten bis zu 174 Soldaten in das Fort einrücken, falls der Verteidigungsfall einträte. Zusätzlich besaß dieses Fort im Süden noch eine vorgelagerte Geschützstellung, um den vorrückenden Feind aufzuhalten. Bis heute hat sich hier in der Umgebung nichts verändert, der Blick streift weit durch die offene Polderlandschaft – wie schon zu Baubeginn.

Doch gibt es hier auch einen ansehnlichen Baumbestand und Pflanzen, die trockenen kalkreichen Boden bevorzugen, etwa Echtes Bitterkraut. Im brackigen Wasser des Fortgrabens lebt die Aasgarnele; Turmfalken stellen sich auf dem Fortgelände ebenso ein wie Finken und Gelbspötter.

Anglerglück in Fort Benoorden Spaarndam

Friedliche Idylle: satte Wiederkäuer vor Fort Bezuiden Spaarndam

Schließlich erreicht man das Fort bei Veldhuis, das heute als Museum genutzt wird. Es ist dem Luftkrieg zwischen 1939 und 1945 gewidmet, in dessen Verlauf allein in Nordholland 650 Kampfflugzeuge abgeschossen wurden. Über Fort Benoorden und Bezuiden Spaarndam gelangt man zum Fort Penningsveer, das vor den Toren von Haarlem liegt.

Kurz & kompakt

TOURISMUSINFORMATIONEN

VVV Edam
Stadthuis
Damplein 1
NL-1135 BK Edam
Tel.: 02 99-31 51 25
E-Mail: info@vvv-edam.nl
www.vvv-edam.nl

VVV Middenbeemster
Middenweg 185
1462 HJ Middenbeemster
Tel.: 0299-62 18 26

Informatiecentrum voor Toerisme Graft-De Rijp
Kleine Dam 1
1483 BB De Rijp
Tel.: 0299-67 19 79
E-Mail: info@vvvgraftderijp.nl
www.vvvgraftderijp.nl

Stichting Stelling van Amsterdam
Veerdijk 32
1531 MS Wormer
Tel.: 0 75-6 47 45 75
E-Mail: info@stelling-van-amsterdam.nl
www.stelling-van-amsterdam.nl
Weitere Informationen unter:
www.stelling-amsterdam.org,
www.forten.info

SEHENSWÜRDIGKEITEN

Käsemarkt Edam
www.edammerkaasmarkt.nl

Fort Edam
Weinkeller Victory Wines
Oorgat 10
1135 CR Edam
Tel.: 06-12 96 26 52 oder 02 99-37 36 71
E-Mail: info@victorywines.nl
www.victorywines.nl

Fort Benoorden Purmerend
Restaurant La Ciboulette
Kwadijkerweg 7
1461 DW Zuidoostbeemster
Tel.: 0299-68 35 85
www.la-ciboulette.nl

Forts aan de Nekkerweg, aan de Middenweg und aan de Jisperweg sowie Fort bij Spijkerboor
Exkursionen sind buchbar bei:
Vereniging Natuurmonumenten
Tel.: 035-6 95 13 15
www.natuurmonumenten.nl/natuurgebieden

Fort bij Markenbinnen
Übungszentrum der regionalen Feuerwehren in Noord-Holland
Provincialeweg 9
1536 AC Markenbinnen
Tel.: 075-6 41 16 28
E-Mail: info@rboc-fmb.nl
www.rboc-fmb.nl

Fort bij Krommeniedijk
Lagendijk 22
bei Uitgeest/Krommeniedijk
Landschap Noord-Holland
InformatieWinkel Tel.: 0251-36 27 62
www.landschapnoordholland.nl

Fort aan den Ham
Stichting Fort aan den Ham
Busch en Dam 13
1911 MD Uitgeest
Tel.: 075-6 87 15 84 / 6 21 56 46
www.fortaandenham.nl

Fort Veldhuis
Luchtoorlogmuseum Museum
Genieweg 1
1967 PS Heemskerk
Tel.: 0251-23 06 70 oder 06-10 77 83 79
www.arg1940-1945.nl

Fort bij Penningsveer
Penningsveer 2
2065 AM Haarlemmerliede
Stichting Fort Penningsveer
Tel.: 023-5 31 08 74

UNTERKÜNFTE
Damhotel Edam
Keizersgracht 1
1135 AZ Edam
Tel.: 0299-37 17 66
www.damhotel.nl

Pension Harmonie
Voorhaven 94
1135 BT Edam
Tel.: 0299-37 16 64
E-Mail: info@harmonie-edam.nl
www.harmonie-edam.nl

Camping Strandbad Edam
Zeevangszeedijk 7a
1135 PZ Edam
Tel.: 0299-37 19 94
E-Mail: info@campingstrandbad.nl
www.campingstrandbad.nl

RESTAURANTS/CAFÉS
Restaurant De Keizerskamer
Keizersgracht 1
1135 AZ Edam
Tel.: 0299-37 17 66

Restaurant La Ciboulette
Kwadijkerweg 7
1461 DW Zuidoostbeemster
Tel.: 0299-68 35 85
www.la-ciboulette.nl

RADVERLEIH
Ronald Schot
Grote Kerkstraat 7/9
1135 BC Edam
Tel.: 0299-37 21 55
E-Mail: info@ronaldschot.nl
www.ronaldschot.nl

RADTOUREN
Fortenroute (135 km, Weesp, Abcoude, Uithoorn, Hoofddorp, Krommenie, Wormerveer, Purmerend, Amsterdam-Zeeburg, Diemen), Zeevangroute (34 km, u. a. Edam–Beemster Polder)

Weitere Unterkünfte und Restaurants siehe Seite 21.

Festungsgürtel von Amsterdam:
Von Fort Vijfhuizen zum Fort Pampus

Haarlem ist für alle diejenigen Besucher ein Muss, die sie sich für die Meisterwerke niederländischer Porträtmalerei begeistern. Sie finden sie im Frans Hals Museum, das vor allem der Haarlemer Schule und Frans Hals (um 1581–1666) gewidmet ist. Sehenswert ist aber auch die Sammlung italienischer und niederländischer Zeichnungen, Arbeiten der Mitglieder der Haager Schule und der niederländischen Romantik, die im Teylers Museum zu sehen sind.

Ein weiteres Museum der Stadt, das Theo Swagemakers Museum, präsentiert das Gesamtwerk des bekanntesten niederländischen Porträtmalers des 20. Jahrhunderts, Theo Swagemakers (1898–1994). Blickfänge der Stadt sind nicht nur das ursprünglich als Jagdschloss konzipierte Rathaus, sondern auch die Große Kirche, gemeinhin St.-Bavo-Kirche genannt, in der Frans Hals seine letzte Ruhestätte fand. Auf der berühmten Müllerorgel von 1738 spielte einst der junge Mozart.

Wer sich nicht nur für niederländische Malerei interessiert, sondern den südlichen und östlichen Teil des Festungsgürtels von Amsterdam anschauen möchte, ist gut beraten, Haarlem als Ausgangspunkt zu wählen.

In Abcoude lebten die Fortsoldaten während der Mobilisierung.

Fort Hoofddorp

VON FORT VIJFHUIZEN ZUM FORT ABCOUDE

Vor den Toren von Haarlem kommt man auf dem Weg nach Hoofddorp am Fort bei Vijfhuizen vorbei, dessen Bau 1889/90 begann. Neun Jahre später war das Verteidigungswerk vollendet. Das aus verstärktem Beton erbaute Fort mit mächtigem Vorgebäude und breiten Gebäudeflügeln liegt im Haarlemmermeerpolder und ist Teil des so genannten Geniedijk („Pionierdeich") durch den Polder, an dem sich außerdem eine vorgelagerte Geschützstellung befindet. Der doppelte Wassergraben ist eine Besonderheit des Forts Vijfhuizen. Während der deutschen Besetzung der Niederlande wurde zwischen 1940 und 1945 in diesem Fort eine achteckige offene Geschützstellung angelegt, in der Kampfwagenkanonen standen.

Auf dem weiteren Weg entlang der „Feuerlinie" erreichen wir das Fort Hoofddorp, das mitten im Ort angelegt wurde. 1890/91 wurde mit dem ebenfalls im Haarlemmermeerpolder gelegenen Bau begonnen. Aufgabe des Forts war vornehmlich der Schutz der Hoofdvaart und der Wege zu beiden Seiten dieses Kanals. Rund um das zweigeschossige Fort, in dessen Hauptgebäude sich eine Kunstgalerie niedergelassen hat, verläuft ein tiefer Wassergraben. Auf jeder Etage des Forts existieren 13 Räume, hinter denen sich sieben Munitionsräume liegen. Besonders auffallend ist die Caponnière, die dazu diente, den feindlichen Einfall über den Wassergraben zu vereiteln.

Der Geniedijk, der am Fort Vijfhuizen den Anfang nimmt, durchzieht nicht nur Hoofddorp, sondern setzt sich auch südöstlich jenseits der Bahnlinie

Amsterdam–Leiden fort. Teil dieses Deiches ist vor den Toren von Hoofddorp die Batterie am Sloterweg, die zwischen 1891 und 1906 entstand. Neben dieser Stellung existieren noch die Kasematten Slotertocht und die Batterie am Aalsmeerderweg nahe des Forts bei Aalsmeer. Es ist ein Teil des 10,5 Kilometer langen Deiches, der in einigen Abschnitten von ansehnlichen Bäumen gesäumt ist.

Nach dem Passieren des Forts bei Aalsmeer erreicht man das Fort bei De Kwakel (1890–1906), dessen Verteidigungsfunktion 1959 aufgehoben wurde. Dieses teilweise mit Efeu bewachsene Fort liegt im Uithoornsche Polder und ist ein vorgeschobener Posten der Verteidigungslinie zwischen Kudelstaart und Uithoorn. Ursprünglich war dieses Fort ebenso wie das am Nekkerweg (Beemster-Polder) nach

Die Natur hat Fort Kwakel erobert.

den Plänen des Kriegsministers Reuther nicht als Teil des Festungsgürtels rund um Amsterdam vorgesehen, sondern kam erst später hinzu. In der Nähe liegt das aus

In einen Dornröschenschlaf verfallen: Batterie am Sloterweg.

Nun sind ein Bildhauer, ein Restaurantbesitzer und ein Kunstgalerist in Fort Drecht eingezogen.

unverstärktem Beton erbaute Fort an der Drecht, in dessen Gebäudeteilen heute das Atelier eines Bildhauers, eine Kunstgalerie und ein Restaurant untergebracht sind. Nur wenige Kilometer entfernt erhebt sich das Fort bei Uithoorn (1885–1911) weithin sichtbar über die flache Landschaft. Dieses Fort entstand im nördlichen Winkel der Mijdrechtsche Droogmakerij und sollte ursprünglich die Verteidigung der nun nicht mehr existierenden Eisenbahnlinien Uithoorn–Alphen a/d Rijn und Uithoorn–Nieuwersluis-Loenen übernehmen.

Am Ostrand der vor den Toren Amsterdams gelegenen Gemeinde Abcoude befindet sich das Fort bei Abcoude (1884–1887), dessen fischreicher Wassergraben den einen oder anderen Angler anlockt. Es ist das erste erbaute und noch heute bestehende Fort des Befestigungsrings rund um Amsterdam und wurde in Zeiten der Mobilisierung von bis zu 300 Soldaten bewohnt, die bisweilen gegen die spartanischen Verhältnisse rebellierten. Eine kleine Arrestzelle mit einem Ausmaß von etwa neun Quadratmetern nahm bis zu sechs Gefangene auf.

Wie bei anderen Forts auch hat die Natur längst den Backsteinbeton der Gebäude zu erobern versucht. Das Gelände ist teilweise von Vogelbeeren, Erlen, Eschen und alten Kastanienbäumen bedeckt. Neben Finken, Kohlmeisen, Kleibern und Stieglitzen kann man hier gelegentlich Turmfalken und Eisvögel beobachten. Die Großohrfledermaus nimmt in den aufgelassenen Gebäuden des Forts ihr Winterquartier.

Mitten in der Stadt Weesp: Turmfort am Ossenmarkt

Von Fort Nigtevecht zum Fort Pampus

Dem Fort Abcoude ist das Fort Nigtevecht „vorgelagert", das heute unter der Obhut der *Vereniging Natuurmonumenten* steht.

Heute in den Händen von Naturschützern: Fort Nigtevecht

Das an dem Flüsschen Vecht gelegene Städtchen Weesp, das wir anschließend erreichen, war bereits im 14. Jahrhundert durch einen Palisadenzaun und einen Wall befestigt, ehe im 16. Jahrhundert eine massive Stadtmauer errichtet wurde. Diese wurde teilweise im 17. Jahrhundert wieder abgebrochen; gleichzeitig begann man mit dem Bau der Bastionen Bakkerschans und Nieuw Achtkant. Der Ausbau zu einer modernen Festung ist auf das Jahr 1844 zu datieren. Mit dem Fortgang der Arbeiten an den Verteidigungsanlagen wurde Weesp Teil des Amsterdamer Befestigungsgürtels. Weesp fiel die Aufgabe zu, die Vecht und die Eisenbahnstrecke Amsterdam–Amersfoort zu sichern. Zur Festungsanlage gehören auch das Turmfort am Ossenmarkt – mitten im Ort – und die Batterie De Roskam.

Das benachbarte Muiden, seit 1590 Festungsstadt, war Teil der so genannten (Nieuwe) Hollandse Waterlinie und ab 1901 der Stelling van Amsterdam. Es ist ein schmuckes Städtchen mit einem sehenswerten Schloss (1473). Die Wallanlagen der Bastion erhielt Muiden 1677, fast zwei Jahrhunderte später die Westbatterie in der Gestalt eines Turmforts.

Einige Jahrzehnte danach baute man das Muizenfort und die Kasematten C und E, die die Ostflanke der Stadt sichern sollten. Diese Modernisierung der mittelalterlichen Festung hing mit den Erfahrungen des Deutsch-Französischen Krieges von 1870/71 zusammen. Wegen der Lage der Stadt an der Mündung der Vecht und dicht am IJmeer sollte sie diesen Wasserzugang nach Amsterdam verteidigen. Insbesondere sollte durch die Westbatterie die feindliche Landung im Hafen der Stadt verhindert werden.

Vor Pampus liegen – einst ein Vergnügen

Es wäre schon ein Zufall, würde man bei dem Besuch von Muiden auf das Wasser hinausblicken und die königliche Jacht durch die Wellen kreuzen sehen. Neben den Seglern, die fast zu jeder Jahreszeit ihre Boote klar machen, ist es vor allem aber ein inselförmiges Gebilde mit aufgesetztem „Kamelbuckel" aus Beton, das die Blicke des aufmerksamen Betrachters auf sich zieht. Es handelt sich dabei um Fort Pampus, den „Wächter" der Einfahrt nach Amsterdam und Außenposten des Verteidigungsgürtels rund um Amsterdam.

Eine Verteidigungsstellung außer Betrieb: Die Westbatterie Muiden

Fort Muiden

Angelegt wurde dieses Befestigungswerk (1887–1895) auf einer Untiefe, die manchem holländischen Handelsschiff, das aus den ostindischen Kolonien zurückkehrte, zum Verhängnis wurde. Dass die Schiffe auf diese Weise vor Amsterdam festlagen, gefiel den Seeleuten an Bord durchaus. Die Händler und Wirte des nahen Muiden hielten die Mannschaften mit Wein und gute Speisen bei Laune und so manches Frauenzimmer des Städtchens kam an Bord und vergnügte sich mit einem der strammen Mannsbilder. Dieses Treiben wurde erst beendet, wenn so genannte „Kamele" die gestrandeten Schiffe zurück in tiefes Wasser gezogen hatten – heute eine Fußnote der Geschichte.

Im Ersten Weltkrieg war ein Regiment auf der befestigten, künstlichen Insel stationiert. Dies war das erste und einzige Mal, dass Pampus militärische Zwecke erfüllte. Während der deutschen Besetzung der Niederlande (1940–1945) wurden die von Krupp gelieferten Geschütze abgebaut und nach Deutschland gebracht, um dort eingeschmolzen zu werden. Man brauchte schließlich Rohstoffe für die Rüstungsproduktion.

Seit 1952 ist Fort Pampus aufgrund eines königlichen Beschlusses kein Festungswerk mehr. Doch es dauerte noch mehr als drei Jahrzehnte, ehe die Stiftung Pampus Eignerin der Insel und des Forts wurde. Seit Fort Pampus Teil des Welterbes ist und zudem ein regelmäßiger Fährverkehr von Muiden aus den Zugang zur Insel erlaubt, besuchen jedes Jahr Tausende dieses einmalige Zeugnis der Militärarchitektur. Erst vor einigen Jahren wurde das Fort wieder mit einer Kanone namens „Dirk von Minden" bestückt. Doch auf einen angreifenden Feind wird sie gewiss nicht abgefeuert.

Kurz & kompakt

Tourismusinformationen

VVV Zuid-Kennermerland
Büro Haarlem
Stationsplein 1
NL 0211 LR Haarlem
Tel.: 0900-616 16 00
E-Mail: info@vvvzk.nl
www.vvvzk.nl

VVV Hoofddorp
Binnenweg 20
2132 CT Hoofddorp
Tel.: 023-563 33 90
www.vvvhollandsmidden.nl

VVV Weesp
Nieuwstraat 33
1381 BB Weesp
Tel.: 0294-41 54 27

VVV Muiden
Kazernestraat 10
1398 AN Muiden
Tel.: 0294-26 13 89
www.vvv-muiden.nl/

Verening Natuurmonumenten
Schaep en Burgh (Besucherzentrum)
Noordereinde 454b
1243 JJ 's-Graveland
Tel.: 035-66 30 80
www.natuurmonumenten.nl

Sehenswürdigkeiten

Fort bij Vijfhuizen
Spieringweg 613
2141 EB Vijfhuizen
Tel.: 06-53 14 49 64
E-Mail: info@kunstfort.nl
www.kunstfort.nl

Fort bij Hoofddorp
Galerie Fortobello
Hoofdweg 739
2131 BD Hoofddorp
Tel.: 0624-51 62 27
E-Mail: joke@fortobello.nl
www.fortobello.nl/

Fort bij De Kwakel
Galerie 't Fort
Fort 55
1424 RW De Kwakel
Tel.: 0297-56 36 34

Fort aan de Drecht
Stichting Fort aan de Drecht
Grevelingen 50
1423 DN Uithoorn
Tel.: 0297-53 29 66
E-Mail: info@nhar.nl
www.fortaandedrecht.nl

Atelier Gerard van Hulzen
im Fort aan de Drecht
Grevelingen 64
1423 DN Uithoorn
Tel.: 0297-53 29 66
E-Mail: info@gerardvanhulzen.com
www.gerardvanhulzen.com

Galerie Fort aan de Drecht
Grevelingen 50
1423 DN Uithoorn
Tel.: 0297-52 11 62
E-Mail: info@galeriefortaandedrecht.nl
www.galeriefortaandedrecht.nl

Fort bij Abcoude
Stichting Fort Abcoude
Molenweg 18
1391 CG Abcoude
Tel.: 0294-28 32 07, 28 40 53 oder 28 13 79

Fort bij Nigtevecht
Vereniging Natuurmonumenten
Velterslaan 1
1391 HV Abcoude
Tel.: 035-695 13 15

Fort Ossenmarkt
Ossenmarkt 44
1381 LX Weesp

Muiderslot
Stichting Rijksmuseum Muiderslot
Herengracht 1
1398 AA Muiden
Tel.: 0294-25 62 62
E-Mail: kasteel@muiderslot.nl
www.muiderslot.nl

Fort Pampus
Stichting Pampus
Postbus 90
1398 ZH Muiden
Tel.: 0294-26 23 26
E-Mail: pampus@pampus.nl
www.pampus.nl

Frans Hals Museum
Groot Heiligland 62
2011 ES Haarlem
Tel.: 0 23-5 11 57 75
E-Mail: franshalsmuseum@haarlem.nl
http://www.franshalsmuseum.nl/

Teylers Museum
Spaarne 16
2011 CH Haarlem
Tel.: 0 23-5 31 90 10
E-Mail: info@teylersmuseum.nl
http://www.teylersmuseum.nl/

Theo Swagemakers Museum
Stoofsteeg 6
2011 TE Haarlem
Tel.: 0 23-5 32 77 61
E-Mail: smuseum@galeriepietershuis.nl
http://www.swagemakersmuseum.nl/

Unterkünfte

Carlton Square Hotel
Baan 7
2012 DB Haarlem
Tel.: 023-5 31 90 91
E-Mail: info@square.carlton.nl
www.carlton.nl/square

Joops Hotel
Oude Groenmarkt 20
2011 HL Haarlem
Tel.: 023-532 20 08
E-Mail: Joops@easynet.nl

Hotel Abcoude***
Restaurant De Wakende Haan
Kerkplein 7
1391 GJ Abcoude
Tel.: 0294-28 12 71
E-Mail: info@hotelabcoude.nl
www.hotelabcoude.nl

Restaurants/Cafés

De Karmeliet
Spekstraat 6
2011 HM Haarlem
Tel.: 023-531 44 26
www.karmeliet.nl

Bagelbar
Schagchelstraat 1
2011 HW Haarlem
Tel.: 023-531 17 47
www.bagelbar.nl

Restaurant Amstelfort
(Fort aan de Drecht)
Grevelingen 30
1423 DN Uithoorn
Tel.: 0297-56 64 44
E-Mail: genieten@amstelfort.nl
www.derestaurantsite.nl/restaurant/amstelfort
www.amstelfort.nl

Het Reghthuijs
Amsterdamsestraatweg 1
1391 AA Abcoude
Tel.: 0294-28 22 84
E-Mail info@reghthuijs.nl

Café Graaf Floris V van Muyden
Heerengracht 72
1398 AD Muiden
Tel.: 0294-26 12 96
E-Mail: info@graaf-floris-v.nl
http://www.graaf-floris-v.nl

Radverleih

Amstelfietspoint
Julianaplein 1
1097 DN Amsterdam
Tel.: 020-692 35 84
E-Mail: info@amstelfietspoint.nl
www.amstelfietspoint.nl

Fietspoint Oldenburger
Stationsplein 2a
1382 AD Weesp
Tel.: 0294-41 16 90
E-Mail: fietspointoldenburger@wxs.nl
www.fietspoint.net/

Polderlandschaft Schokland:
DEM MEER ABGETROTZT

Mit rechtem Winkel und Lineal angelegt – so breitet sich die flache Polderlandschaft nordöstlich von Amsterdam vor uns aus. Nicht weit von der einstigen Insel Schokland entfernt beginnt der streng calvinistische „Bibelgürtel", der sich von Norden nach Süden durch die Niederlande zieht. Im Laufe der Geschichte nagte das Meer an der Halbinsel und ließ sie im 15. Jahrhundert sogar zu einer Insel werden.

Erst in den 1940er Jahren begann man mit der Landgewinnung, insbesondere nach der Errichtung des so genannten Abschlussdeiches zwischen Friesland und Noord-Holland. Dadurch entstanden das heutige IJsselmeer und flaches Polderland. Auch Schokland veränderte sich und ist nun Teil dieser typischen Landschaft, die in allerlei Grüntönen schimmert. Hier und da ragen in dieser Landschaft kleine Warften auf, wie zum Beispiel Middelbuurt.

Rekonstruierte Häuser nach Originalbauten, die Mitte des 19. Jahrhunderts abgetragen wurden.

Spuren aus der Steinzeit

Die ältesten Siedlungsspuren dieser Region datiert man heute auf die Zeit vor etwa 10.000 Jahren. Gefunden wurden Pflugspuren, Hausreste und Skelette aus der Steinzeit, die etwa 4500 Jahre alt sind. Auch Keramiken der Glockenbecher- und der Trichterbecherkultur geben uns heute Aufschluss über das Leben in der Frühgeschichte. Zudem wissen wir, dass vor 75.000 Jahren der Meeresspiegel 45 Meter niedriger als heute lag. Dass die Menschen der Gegend sich gegen den „Blanken Hans" zu wehren wussten, verraten Deichreste aus der Zeit um 1000, die man bei Grabungen entdeckt hat.

Land unter

Durch den steigenden Pegelstand der Nordsee und der Entstehung der Zuiderzee veränderte sich die Landschaft in den nachfolgenden Jahrhunderten. Schokland war mit dem Festland verbunden, doch am Ende des Mittelalters war sie bei zahlreichen Flutwellen weggespült worden. Die damaligen Bewohner arrangierten sich mit ihrem neuen Inseldasein, gingen verstärkt dem Fischfang nach und hielten als Selbstversorger eigenes Vieh. Doch die Natur war unbarmherzig, nahm sich mehr und mehr Land. Die Überflutungen mehrten sich, 1855 musste die Siedlung Zuidert aufgegeben werden. 1859 befahl König Willem III. allen Bewohnern Schoklands, den so genannten Schokkers, ihr Land zu verlassen. Doch Unmut und Widerstand machten sich breit. Die Schokkers wollten ihre angestammte Heimat nicht freiwillig verlassen, sodass sie zwangsweise umgesiedelt wurden.

Spuren der Vergangenheit

All dies ist heute Geschichte. Nur wenige Spuren sind zwischen Ens und Emmeloord zu finden, die an die einstigen Bewohner Schoklands erinnern, sieht man einmal vom Museum Schokland ab. Wer auf dem Schoklandpad unterwegs ist, der wird diese Spuren der vier Kilometer langen und 600 Meter breiten ehemaligen Insel Schokland entdecken: „Geduckte" tiefgrüne Häuschen scharen sich um die Kirche von Middelbuurt, die durch Pfahlwerk und Basaltblöcke gegen die Fluten geschützt wurden. Unweit von hier sind Spuren des ehemaligen Wurtendorfes Zuidert auszumachen, das als erstes geräumt wurde. An die Vergangenheit von Schokland erinnert auch das mittelalterliche Kirchlein von Ens, in dem man bis 1717 zum Gebet zusammenkam. Und die Fundamente des Leuchtturms an der Südspitze Schoklands entdeckt man auf einer gemütlichen Tour zu Fuß oder auf dem Drahtesel.

Kurz & kompakt

TOURISMUSINFORMATION
VVV Emmeloord
De Deel 21A
NL 8302 EK Emmeloord
Tel.: 0527-61 20 00
E-Mail: emmeloord@vvvflevoland.nl
www.vvvflevoland.nl

SEHENSWÜRDIGKEITEN
Museum Schokland
Middelbuurt 3
8307 RR Ens
Tel.: 0527-25 13 96
E-Mail: info@schokland.nl

UNTERKÜNFTE
Hotel 't Voorhuys *
De Deel 20
8302 EK Emmeloord
Tel.: 0527-6128 70

Camping/Trekkershütten Het Bosbad**
Banterweg 4
8302 AC Emmeloord
Tel.: 0527-61 61 00

RADVERLEIH
siehe „Museum Schokland"

Das Dampfpumpwerk D. F. Wouda in Lemmer (Friesland)

Zäh sind die Bewohner der „niederen Lande", wenn es gilt, das dem Meer abgerungene Land zu schützen. Dabei nutzen sie Wind- und Dampfkraft, errichten Dämme und Deiche, ziehen Gräben und graben Ausgleichsbecken. Ohne alle diese Maßnahmen wäre Amsterdam, die Hauptstadt der Niederlande, längst gänzlich unter den Fluten der Nordsee begraben.

Vor allem der 1932 geschlossene Abschlussdamm der Zuiderzee trug wesentlich zum Schutz des teilweise unter dem Meeresspiegel liegenden Landes bei. Dank dieser außergewöhnlichen Maßnahme konnten zwischen 1927 und 1968 165.000 Hektar Neuland gewonnen werden. Allerdings ist dies gepumptes Land – und das im doppelten Wortsinn.

Bereits im 15. Jahrhundert entwickelten die Holländer aus den Getreidemühlen erste Schöpfwerke, die mittels Windkraft „Wasser mahlten", um die tief gelegenen Polder zu entwässern. Jahrhunderte später wurde die Technik der Polderentwässerung verbessert, indem man mehrere Windmühlen in einem so genannten Mühlengang anordnete. Doch die Flut forderte nach wie vor ihren Preis. Auch die Bewohner Frieslands erlebten die eine oder andere schwere Flutkatastrophe: Zuletzt standen im August 1894 285 Quadratkilometer Land unter Wasser, während der Druck auf die vorhandenen Auffangflächen stetig wuchs.

Kreativer Geist und Dampfkraft

Nun war kreativer Ingenieurgeist gefragt. Dirk Frederik Wouda gelang es, ein Schöpfwerk mit einem Kessel- und einem Maschinenhaus zu entwerfen, das in nur vierjähriger Bauzeit entstand und zunächst mittels Dampfkraft für die notwendige Wasserstandsregulierung sorgte. 1916 begann man mit dem Bau, für den man 2000 Pfähle ins Erdreich rammen musste, um darauf eine solide Betonplatte zu legen.

Das Dampfpumpwerk von außen und innen

Als Folge des Ersten Weltkriegs verzögerten sich die Baumaßnahmen; zu allem Überdruss spaltete ein Blitz den 1918 fast fertig gestellten Schornstein.

Am 7. Oktober 1920 konnte die damalige niederländische Monarchin Wilhelmina endlich das Bauwerk seiner Bestimmung übergeben.

Vier Dampfmaschinen und zwei Zentrifugalpumpen bilden das technische Herzstück dieses heute als Hilfsschöpfwerk eingesetzten Industriedenkmals, das etwas außerhalb von Lemmer an der Nationalstraße nach Bolsward liegt und seit 1947 den Namen des an der Planung maßgeblich beteiligten Chefingenieurs der Wasserbehörde Frieslands trägt. Jahrzehnte war es die Aufgabe dieses Schöpfwerkes, überschüssiges Wasser schneller in den so genannten Friesischen Mahlbusen und weiter ins IJsselmeer abzuleiten. Heute dient es an etwa 20 Tagen im Jahr dazu, bei Hochwasserständen die Schleusen bei Harlingen (Harns), Dokkum und Zoutkamp sowie das Hoogland-Schöpfwerk bei Stavoren (Starum) zu entlasten. Ist das Schöpfwerk bei Lemmer in Betrieb, werden normalerweise 65 Kubikmeter Wasser pro Sekunde geschöpft. Die Spitzenlast beträgt sogar 70 Kubikmeter pro Sekunde. Das entspricht pro Tag einer Betriebsleistung von sechs Millionen Kubikmetern.

Das weltweit größte je gebaute und noch immer arbeitende dampfbetriebene Schöpfwerk, bestehend aus Maschinen- und Kesselhaus mit im Original erhaltenen Maschinen

Wer sich dem Pumpwerk nähert, erblickt einen funktionalen Industriebau in Backstein mit hohen, dreigliederigen bogenförmigen Fenstern, durch die das Tageslicht in die Maschinenhalle strömt. Anlässlich der feierlichen Eröffnung des Schöpfwerks durch Königin Wilhelmina heißt es in der Festschrift der Maschinenfabrik Smulders-Jaffa, in welcher die Dampfmaschinen gefertigt wurden: „Einzige Verzierung ist die Täfelung mit glasierten Kacheln. Die Wände über der Täfelung sind aus dem bekannten gelben Friesischen Handgestrichenen gemauert. Die Überdachung ist als Eisenkonstruktion ausgeführt."

Kurz & kompakt

Tourismusinformationen
VVV Lemmer
Nieuwburen 1
8531 EE Lemmer
Tel.: 0900-540 00 01

Regio-VVV Friese Kust
Noard 5
Postbus 68
8710 AB Workum
Tel.: 0900-5 40 00 01
E-Mail: info@friesekust.nl
www.friesekust.nl

Sehenswürdigkeiten
D. F. Woudagemaal
Gemaalweg 8
8531 PS Lemmer
Tel.: 0514-56 18 14
www.woudagemaal.nl

Unterkünfte
Iselmar Sporthotel**
Plattedijk 16
8531 PC Lemmer
Tel.: 0514-56 90 96
E-Mail info@iselmar.nl
www.iselmar.nl

Logement 't Lemster Veerschip
Polderdijk 2 u. 3
8531 EW Lemmer
Tel.: 0514-56 33 76
E-Mail: info@lemster-veerschip.com
www.lemster-veerschip.com

Gemeentelijke Kampeerterrein
Plattedijk 13
8531 PB Lemmer
Tel.: 0514-56 13 30
E-Mail: camping@lemsterland.nl

Restaurants/Cafés
Restaurant 't Hoekje
Burgermeester
Krijgerplein 13
8531 EA Lemmer
Tel.: 0514-56 22 34

Restaurant 't Vooronder/The Irish Pub
Oudesluis 7-9
8531 HS Lemmer
Tel.: 0514-56 29 77
E-Mail: restaurantvooronder@zonnet.nl
www.horecabedrijventijsseling.nl

Radverleih
PlezierProducten.nl
Plattedijk 39-7
Tel.: 56 91 16
E-Mail: info@plezierproducten.nl

Radtouren
Zuiderzeeroute (388 km, u. a. Amsterdam - Scheepvaartmuseum - Den Oever, Lemmer, Kampen, Naarden)

Von Rotterdam nach Utrecht:
MÜHLENANLAGEN IN KINDERDIJK-ELSHOUT

Wer Rotterdam nach Südosten reist, wird auf ein holländisches Postkartenmotiv schlechthin stoßen: Wie Zinnsoldaten reihen sich die Mühlen von Kinderdijk mitten im saftigen Grün auf, werden vom Taubenblau des Abendhimmels zugedeckt, stehen als Schattenrisse im Rot der untergehenden Sonne. Sie waren über Jahrhunderte für den Bestand der Region unabdingbar, liegt sie doch bis zu sechs Meter unter dem Meeresspiegel.

Auch die Gewalt der Gezeiten, der „Blanke Hans", setzte dem Land und seinen Bewohnern zu. Für diese war die Bedrohung durch Hochwasserkatastrophen Teil des Alltags; sie wurde 1421 während der großen Sankt-Elisabeth-Flut ebenso traurige Wirklichkeit wie 1953, als zum letzten Mal diese Gegend unter Wasser stand.

MÜHLRÄDER IM KAMPF MIT DEM WASSER

Aus den gängigen Mühlen zum Mahlen von Getreide entwickelten die Holländer bereits im 15. Jahrhundert erste Schöpfwerke, die mittels Windkraft „Wasser mahlten", sprich Polder trocken pumpten. Alsbald begann man damit, mehrere Mühlen hintereinander anzuordnen, um die Entwässerung zu intensivieren; der „Mühlengang" war geboren.

Zwischen Lek und Waal zeichnen sich 19 Mühlen gegen den Himmel ab. 1738 und 1740 waren diese so genannten Grundseiler an Nederwaard und Overwaard errichtet worden. Die meisten Mühlen weisen einen achteckigen, kegelförmigen Baukörper auf. Viele sind mit

Die Besuchermühle: Hier übernachtete der Poldermüller.

Dank moderner Pumpwerke außer Betrieb gesetzt: die Mühlen von Kinderdijk

Ried gedeckt. Ihre Flügel drehen sich nicht mehr ganzjährig und die meisten Segel sind gerafft. Nur an den Wochenenden im Sommer fängt sich der Wind noch in den bespannten Flügeln der Besuchermühle Nederwaard Nr. 2.

Unter den Windmühlen, deren Kappe jeweils mitsamt den Flügeln in den Wind gedreht werden kann, gibt es eine, die vom Typ „Grundseiler" abweicht. Es ist „De Blokker", eine so genannte Kokermühle mit pyramidalem Unterbau.

Sie entstand um 1620 aufgrund der baulichen Veränderung einer Bockwindmühle: Durch die Durchbohrung des schweren Ständers, einem Köcher (Koker) ähnlich, konnten an der im Koker nach unten verlaufenden Achse nun mehrere Zahnräder angebracht werden. Diese Zahnräder dienten dazu, Schöpfräder oder Archimedische Schrauben zur Förderung von Wasser aus tiefer gelegenem Gelände in höher gelegene Gräben und „Ausgleichsbecken" anzutreiben.

Kurz & kompakt

TOURISMUSINFORMATIONEN

VVV Alblasserdam
Cortgene 2
2951 ED Alblasserdam
Tel.: 078-692 13 55
E-Mail: info@alblasserdam.nl
www.alblasserdam.nl

Stichting Werelderfgoed Kinderdijk
Overwaard 2
2961 AT Kinderdijk
Tel.: 078-691 28 30
E-Mail: info@stichting-kinderdijk.nl
www.stichting-kinderdijk.nl

UNTERKUNFT

Het Wapen van Alblasserdam
Dam 24
2952 AB Alblasserdam
Tel.: 0 78-6 91 47 11
E-Mail: info@wapenvanalblasserdam.nl
www.wapenvanalblasserdam.nl

RESTAURANT/CAFÉ

Kantine de Molenhoek
961 AS Kinderdijk
Nederwaard 1a
Tel.: 078-6 91 27 55

Utrecht:
DAS RIETVELD-SCHRÖDER-HAUS – EIN HAUS WIE KEIN ANDERES

Wer nach Utrecht kommt, wird sich vielleicht bei seinem Stadtbummel am 112 Meter hohen Domturm orientieren. Zu ihm gehört eigentlich eine Kirche, deren Mittelschiff allerdings während eines Unwetters 1674 zerstört und niemals mehr aufgebaut wurde, sodass neben dem Turm nur noch der gotische Chor der einstigen St.-Martins-Kirche vorhanden ist. Wenn auch diese Kirche und andere Sakralbauten der Stadt ihren Reiz haben, so gilt unsere Aufmerksamkeit doch ausschließlich einer „Ikone der klassischen Moderne": dem Rietveld-Schröder-Haus. Es wurde von dem Designer und Architekten Gerrit Thomas Rietveld entworfen, dessen Möbelmodelle wie etwa der legendäre „Rot-Blau-Stuhl" von 1919 im Centraal Museum präsentiert werden.

Der „Rot-Blau-Stuhl" von 1919

Ist man zu Fuß oder mit dem Rad in der Prins Hendriklaan unterwegs – durch diese führt der Radfernweg Midden-Nederland – erblickt man zunächst die typischen Reihenhäuser aus dunklem Backstein. Doch dazwischen, unübersehbar in Farbe und Form, steht ein weißer Kubus mit „vor- und zurückspringenden Verschachtelungen": das Rietveld-Schröder-Haus. Dieses Wohnhaus geht auf einen Entwurf von Gerrit Thomas Rietveld (1888–1964),

eines bekannten Mitglieds der Gruppe „De Stijl", zurück.

Wer sich mit einem Blick im Vorbeifahren nicht begnügen will, muss sich in die nahe gelegene Erasmuslaan 5 begeben. In diesem Gebäude – ebenfalls nach einem Entwurf Rietvelds, aber in Bauhaustradition – befinden sich ein Informationszentrum mit

Buchladen und eine Musterwohnung, bei deren Besuch man in die 1930er Jahre zurückversetzt wird. Dort beginnt eine Führung, in deren Rahmen es möglich ist, einen Blick in das Innere des funktionalen Wohnhauses in der Prins Hendriklaan zu werfen.

Zwischen den beiden Gebäudekomplexen wurde in den 1950er Jahren eine Autobahn gebaut. Diese empfand Rietveld als so störend, dass er das Rietveld-Schröder-Haus abreißen lassen wollte. Schließlich hatte er das Wohnhaus bewusst mit einer umlaufenden Fensterfront entworfen, damit man den Blick über die ausgedehnten Polder schweifen lassen konnte. Zustimmung fand dieser Vorschlag nicht, die damalige Besitzerin, Truus Schröder, lebte vielmehr bis zu ihrem Tode 1984 in dem Haus. Sie, die Rietveld 20 Jahre überlebte, war Zeit seines Lebens Rietvelds Muse und nach seinem Tod Hüterin seiner Ideen.

Konzipiert hatte Rietveld das Haus für die früh verwitwete Frau Schröder und ihre drei Kinder. Sie, die dem großbürgerlichen gediegenen Haus ihrer Ehejahre entfliehen wollte, teilte die avantgardistische Formenauffassung Rietvelds, hatte aber auch selbst klare Vorstellungen, wie sie leben wollte: offen und geschützt zugleich und nicht von überflüssigen Dingen umgeben. Eine weitere Bedingung für die Gestaltung war eine möglichst flexible Nutzung des Hauses. Rietvelds geniale Idee, im Obergeschoss mit beweglichen Wänden aus einem großen Wohnraum kleinere Zimmer zu schaffen, verstieß gegen die Vorschriften der Baubehörde.

Kurzerhand deklarierte er den Raum zum Dachboden. Hier, in den Schlaf- und Wohnräumen der Schröders flutet Licht durch die umlaufenden Fensterflächen, die nachts durch Rollos von innen verhängt wurden, tagsüber aber – bis zum Bau der Stadtautobahn – den Blick in die Ferne frei gaben. Die verstellbaren Fensterbänke boten gleichzeitig Platz für die Hausarbeiten der Kinder.

KOMMUNIKATION MITTELS HÖRROHR UND EIN GLÄSERNER BRIEFKASTEN

Im Untergeschoss hat es Rietveld bei einem konventionellen Raumplan mit festen Wänden belassen. Hier sind die Funktionsräume zu finden: Flur und Garderobe, Arbeitszimmer, Toiletten und die Küche, die

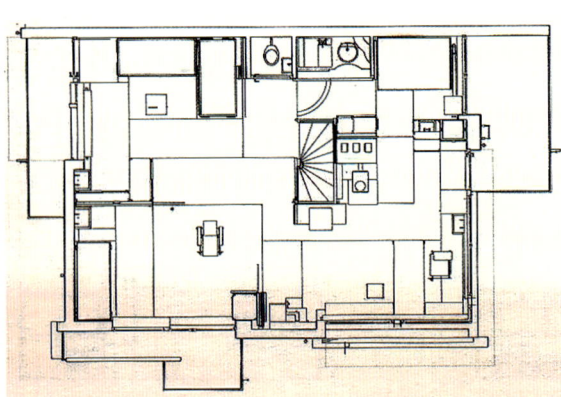

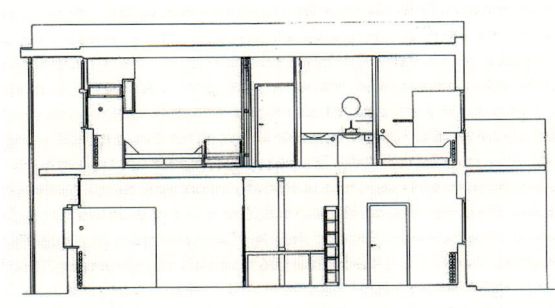

Haus stand, verständigen, so war dies vom Obergeschoss aus problemlos möglich: Rietveld hatte ein „Hörrohr" in die Hauswand eingelassen. Auch mit dem gläsernen Briefkasten hat es seine Bewandtnis: Frau Schröder wollte schon auf dem Treppenabsatz sehen können, ob Post angekommen war.

auch als Ess- und Wohnzimmer diente. Die Treppe nach oben ist gleichzeitig Sitzbank. Hier gibt es eine Ablage mit vier Schubladen, die Nachrichten für die vier Mitglieder der Familie Schröder aufnehmen konnten. Auf der Ablage standen die Telefone, zu jener Zeit Zeichen des Fortschritts und der Moderne. Und wollte man sich mit einem Besucher, der vor dem

Einfach, rationell und zeitgemäß, so lautete die Devise von Rietveld beim Entwurf, der nicht nur ganz den Vorstellungen der Auftraggeberin entsprach, sondern auch im Geiste von „de Stijl" lag. Die niederländische Vereinigung aus Malern und Architekten propagierten klare Farben und elementare Formen. Daraus ergab sich nicht nur die Würfelform des

Das Rietveld-Schröder-Haus: Primat des rechten Winkels

Hauses, sondern auch seine Farbgestaltung. Während das Weiß der Fassade durch farbige Elemente wie Rahmen, Pfeiler und Stützen – vornehmlich in Schwarz, Rot und Gelb – durchbrochen wird, sind im Inneren Grautöne, „schmutziges" Gelb, aber auch Blau und Rot als „Farbtupfer" zu finden. Das betrifft die Dielen des Bodens ebenso wie die verschiebbaren Wände, die Einbauten ebenso wie das Geländer der Treppe, und selbst die Fensterläden im Untergeschoss, die als dekorative, abnehmbare Wandelemente konzipiert waren. Eine Schlangenheizung, die ein Drittel der Baukosten verschlang, ist eines der wenigen ornamentalen Details des ansonsten nüchtern wirkenden Hauses. Nach dem Tod der Hausherrin wurde im Rahmen der Restaurierung ein auf dem Flachdach erbautes Zimmer beseitigt, in das sich Frau Schröder zurückzog, wenn ihr die recht zahlreichen gaffenden Besucher vor dem „anstößigen" Haus zu schaffen machten. Was damals zwischen den traditionellen Häusern der Prins Hendriklaan wie ein Skandal wirken musste, entwickelte sich schon bald zu einer Sensation in der internationalen Architekturwelt. Als solches ist das Rietveld-Schröder-Haus zum Denkmal und Welterbe erhoben worden, das über Jahrzehnte architekturinteressierte Besucher von nah und fern anzog und immer noch anzieht. Die einstige Garage, schon zu Rietvelds Lebzeiten zu einem Architekturbüro umgestaltet, birgt heute einige von seinen Architekturentwürfen.

Kurz & kompakt

Tourismusinformation
VVV Utrecht
Vinkenburgstraat 19
NL 3512 AA Utrecht
Tel.: 0900-128 87 32
E-Mail: info@vvvutrecht.nl

Sehenswürdigkeiten
Rietveld Schröderhuis
Erasmuslaan 5
3584 AZ Utrecht
Tel.: 030-236 23 10

Centraal Museum
Nicolaaskerkhof 10
3512 XC Utrecht
Tel.: 030-236 23 62
E-Mail: info@centraalmuseum.nl
www.centraalmuseum.nl

Unterkünfte
Hotel Mitland****
Ariënslaan 1
3573 PT Utrecht
Tel.: 030-271 58 24
E-Mail: info@mitland.nl
www.mitland.nl

Hotel Ouwi**
F.C. Dondersstraat 12
3572 JH Utrecht
Tel.: 030-271 63 03
www.hotel-ouwi.nl

B&B Utrecht City Center
Lucas Bolwerk 4
3512 EG Utrecht
Tel.: 0650-43 48 84
E-Mail: info@hostelutrecht.nl
www.hostelutrecht.nl

Restaurants/Cafés
Polman's Huis
Keistraat 2
3512 HV Utrecht
Tel.: 030-231 33 68
www.polmanshuis.nl

Den Draeck
Oudegracht a/d Werf 114-122
3511 AW Utrecht
Tel.: 030-232 19 99
www.den-draeck.nl

Parkcafé Buiten
Prins Hendriklaan 2
3583 EL Utrecht
Tel.: 030-254 35 43

Radverleih
Rijwielshop Tusveld
Van Sijpesteijnkade 40
3521 AJ Utrecht
Tel.: 030-296 72 87
E-Mail: rijwielshoptusveld@zonnet.nl

Radrouten
LF4 Midden-Nederlandroute
(300 km, Den Haag, Woerden, Utrecht, Arnhem, Brummen und Enschede)

Antwerpen (Anvers):
HIMMELSSTÜRMER IN DER „BÜCHERSTADT"

Rubensstadt, Diamantenstadt, Hafenstadt, Kulturhauptstadt Europas 1993 sind Beinamen von Antwerpen, das seit 1221 Stadtrechte besitzt. Im Zentrum der Stadt liegt der Große Markt, der von mehrheitlich rekonstruierten Gildehäusern und dem Stadthuis gesäumt wird. Dieses Rathaus (1561–1565) gilt als herausragendes Beispiel der flämischen Renaissance-Architektur.

EIN PROTOTYP DES RATHAUSES

Als das Rathaus entstand, waren Chronisten der Zeit voll des Lobes, so auch Lodovico Guicciardini, der 1567 schrieb: „Es fehlte also nichts als ein einer solch großen Republik gemäßes (...) Rathaus, das man dann überaus prächtig, geräumig und in würdigen Formen errichtet hat." Nachahmer hat dieser beeindruckende Bau, der vielfach als Prototyp des Rathauses schlechthin betrachtet worden ist, in den Rathäusern von Emden und Vlissingen. Die Formensprache des Baus, der zu Beginn des Niederländischen Unabhängigkeitskrieges errichtet wurde, orientiert sich an der klassischen Architekturlehre.

Die Stadt schrieb in der Mitte des 16. Jahrhunderts einen Wettbewerb für den Neubau eines repräsentativen Rathauses aus, an dem sich zehn Künstler, Architekten und Bildhauer beteiligten. Unter ihnen waren Cornelis Floris de Vriendt II., Paludanus und Niccolo Scarini. Bis heute weiß man nicht genau, ob einer der eingereichten Entwürfe zur Ausführung gelangte, da entsprechende Quellen verloren gegangen sind. Gewiss ist jedoch, dass am 27. Februar 1561 die Grundsteinlegung erfolgte.

Beim Bau des monumentalen Rathauses verwendete man gleichermaßen Sandstein und rosa Marmor. Die Hauptfassade

Rathaus

Imposante Gotik

Nur wenige Schritte sind es bis zu einem der imposantesten gotischen Bauwerke Belgiens, das auf einer romanischen Vorgängerkirche erbaut wurde: Die ursprünglich fünfschiffig geplante, heute siebenschiffige Liebfrauenkathedrale (1352–1521) ist ein Meisterwerk der Baukunst, das nicht nur dank seines im Sommer jeweils montags ertönenden Glockenspiels ein Anziehungspunkt für alle Besucher ist. Vor allem die Westfront des Sakralbaus mit dem neogotischen Hauptportal und der 1518 erbaute Turm sind Blickfang und Landmarke zugleich.

Der Bau dieses 123 Meter hohen (Kirch-)Turms wurde aus dem Antwerpener Stadtsäckel finanziert, sodass die Stadt auf einen

Turm der Liebfrauenkathedrale

gliedert sich in 21 Fensterachsen. Die niedrigen Portale im Erdgeschoss waren ursprünglich Zugänge zu dahinter liegenden, lang gestreckten Verkaufsräumen. Besonders auffallend ist der hervorspringende sechsgeschossige Mittelbau. Dieser Bauteil ist der einzige Teil des Rathauses, der Figurenschmuck – Statuen in Nischen und als Relief ausgestaltete Wappen – aufweist: Neben den Wappenschildern der Herzöge von Brabant mit dem goldenen Löwen auf schwarzem Feld sind das Wappen des Markgrafen von Antwerpen mit dem Doppeladler und das von Philipp II. von Spanien in die Fassade eingelassen.

Das Rubensgemälde „Die Kreuzabnahme" in der Liebfrauenkathedrale

Das Königliche Museum der Schönen Künste

eigenen Wacht- und Stadtturm verzichten konnte. Dieser Turm – nicht etwa die Gemälde „Kreuzaufrichtung" und „Kreuzabnahme" von Peter Paul Rubens im Inneren des über 100 Meter langen Sakralbaus – ist neben dem Rathaus für würdig befunden worden, Teil des Welterbes zu sein.

Ein Baustein für das Gedächtnis der Welt

Und noch ein weiteres Kulturerbe der Weltbuchstadt 2004, das Archiv des Museums Plantin-Moretus – vormals Officina Plantiniana – wurde durch die UNESCO als „Schatz der Menschheit"

anerkannt und auf die Liste „Gedächtnis der Welt" gesetzt. In dem Wohn- und Verlagshaus von Christoffel Plantin (1520–1589), das von 1576 bis 1876 genutzt und unter seinem Schwiegersohn Balthazar I. Moretus zwischen 1620 und 1640 vergrößert wurde, befindet sich ein Archiv, das sich über 154 laufende Meter ausdehnt.

Seit 1877 wird der einmalige Schatz des Druck- und Verlagswesens museal in einem im Stil Ludwigs XV. errichteten Stadtpalais aufbewahrt. Neben der Druckerei und der Setzerei umfasst das Museum ein barockes Kunstkabinett, eine aus dem 16. Jahrhundert stammende Bibliothek und einen großen Salon mit

Christoph Plantin (* ca. 1520 in Saint Avertin, † 1. Juli 1589 in Antwerpen, Spanische Niederlande (heute Belgien) war der produktivste spanische Buchdrucker und Buchbinder seiner Zeit. Seine 1550 in Antwerpen gegründete Druckerei verlegte über 2450 Schriften.

1570 erhielt er vom spanischen König und der Kirche das Recht, alle liturgischen Bücher für Spanien und die Niederlande herstellen zu dürfen. Plantins Druckerei wurde von 1589 bis 1871 von seinem Schwiegersohn Jan Moretus und dessen Nachkommen fortgeführt und dann in ein Museum umgewandelt.

Werken von Peter Paul Rubens. Das umfangreiche, aus 1382 Registern bestehende Archiv enthält die Geschäftskorrespondenz und die Buchhaltung des Verlagshauses Plantin-Moretus sowie private Aufzeichnungen der Familie wie etwa das Testament von Christoffel Plantin und seiner Frau vom 14. Mai 1588 enthält.

Gedruckt wurden durch die Verlegerfamilie Plantin-Moretus 2450 Titel, darunter wissenschaftliche Werke aus den Bereichen Botanik und Medizin.

Besondere Beachtung verdient aber auch eine Bibel in mehreren Sprachen: Die 1573 fertig gestellte „Biblia Regia" wurde in lateinischen, griechischen, hebräischen, alt-syrischen und aramäischen Lettern gesetzt. Dieses Dokument wie auch eine kostbare Wenzelbibel und die einzige in Belgien erhaltene Gutenbergbibel stehen für die Entwicklung des Buchdrucks zwischen dem 15. und 19. Jahrhundert.

Plantin beschäftigte nicht nur zahlreiche Gelehrte, sondern auch 20 Setzer, 30 Drucker und drei Korrektoren, die 14 Stunden am Tag arbeiten mussten. Die Drucker an den Druckpressen – zwischen 1567 und 1576 wurden 16 Pressen betrieben – mussten mit zwei Mann an jeder Presse täglich 1250 Blatt Papier beidseitig bedrucken. Zu diesem Arbeitseinsatz wurden die Drucker dadurch motiviert, dass sie nach dem Druckumfang und nicht nach Arbeitstagen bezahlt wurden.

Kurz & kompakt

Tourismusinformation
Toerisme Antwerpen
Grote Markt 13
2000 Antwerpen 1
Tel.: 03- 232 01 03
E-Mail: visit@antwerpen.be
www.visitantwerpen.be

Sehenswürdigkeiten
Rathaus/Stadhuis
Grote Markt 1
2000 Antwerpen
Tel.: 03-220 80 20
E-Mail: onthaal.stadhuis@stad.antwerpen.be
Führungen: auf Anfrage

Liebfrauenkathedrale
Handschoenmarkt
Infos: Info Kathedrale
Groenplaats 21
Antwerpen
Tel.: 03-2000 13 99 51
E-Mail: info@dekathedraal.be
www.dekathedraal.be

Museen
Museum Plantin-Moretus
Vrijdagmarkt 22
Tel.: 03-221 14-50/-51
E-Mail: museum.plantin.moretus@stad.antwerpen.be
http://museum.antwerpen.be/plantin_moretus

Unterkünfte
Plaza Hotel****
Charlottalei 42
2018 Antwerpen
Tel.: 03-287 28 70
E-Mail: plaza@plaza.be
www.plaza.be

Eden Hotel***
Lange Herentalsestraat 25-27
2018 Antwerpen
Tel.: 03-233 06 08
E-Mail: eden@diamond-hotels.com
http://www.diamond-hotels.com/antwerp/antwerp_ge.htm

Jugendherberge Op Sinjoorke
Eric Sasselaan 2
2020 Antwerpen
Tel.: 03-238 02 73
E-Mail: antwerpen@vjh.be
www.vjh.be

Restaurants/Cafés
Adriaan
Everdijstraat 13
Antwerpen
Tel.: 03-2000 31 60 35
www2.resto.be/adriaan

Dock's Café
Jordaenskaai 7
2000 Antwerpen
Tel.: 03-226 63 30
E-Mail: info@docks.be
www.docks.be

Vom Leben der Beginen

Am 2. Dezember 1998 wurden durch die UNESCO 13 flämische Beginenhöfe als einzigartiges Zeugnis einer mittelalterlichen Lebensform zum Welterbe ernannt. Diese Beginenhöfe – fast jede flämische Stadt besaß im Mittelalter einen Beginenhof – gehören zu den 26 heute noch in Flandern existierenden ehemaligen Wohnanlagen frommer Frauen. Die Beginen gaben im Gegensatz zu einer Gemeinschaft von Nonnen ihre Gelübde wie Ehelosigkeit und Treue nur auf Zeit ab. Zu diesen frühen Frauenbünden schlossen sich unverheiratete und verwitwete Frauen zusammen, die in der von Männern dominierten Welt ein eigenständiges Leben führen wollten.

Gar so frei, wie es auf den ersten Blick erscheint, waren die Frauen in ihren Entscheidungen jedoch nicht. Sie mussten sich nicht nur dem Schutz eines Ordens unterstellen, sondern waren auch auf das päpstliche Wohlwollen angewiesen. Bisweilen waren die Beginen dem Klerus ein Dorn im Auge, sodass auf dem 4. Laterankonzil 1311 entschieden wurde, die weitere Gründung von Beginengemeinschaften zu untersagen. Dieses Verbot wurde allerdings nach sieben Jahren von Papst Johannes XXII aufgehoben. Papst Clemens V. jedoch bekämpfte wie die deutschen Bischöfe die gottesfürchtigen Frauen wieder, verfolgte aber die Beginen der Südlichen Niederlande, dem heutigen Belgien, nicht. Doch an anderen Orten wurden Beginen als Kirchenfeinde und Ketzerinnen angesehen – und das mit päpstlichem Segen.

Zur Blüte gelangte die flämische Beginenbewegung nach der Gegenreformation, während andere Frauengemeinschaften, wie die in der Schweiz, die Reformation nicht überlebten. In den mehrheitlich protestantischen Niederlanden bestanden nach der Reformation und Gegenreformation nur noch zwei von einst 34 Beginengemeinschaften. Heute erinnern in manchen Städten gerade einmal Straßennamen an die einstigen Bewohnerinnen.

Benediktinerinnen im Beginenhof von Brügge

Von der Struktur unterscheidet man zwei Grundtypen: den Hofbeginenhof, dessen Häuschen sich um einen zentralen Platz gruppieren, und den Straßenbeginenhof, der einer Stadt in der Stadt gleicht. Beide Hoftypen sind mit Mauern von der übrigen Stadt abgegrenzt. Anfänglich wurden Beginenhöfe außerhalb der Stadtmauern angelegt, doch schon bald in den Schutz der Stadtmauern verlegt, so auch der Große Beginenhof von Mecheln. Wichtig war für die Beginen, an einem Bach- oder Flusslauf zu leben, da sie für das Waschen der Wäsche – damit verdienten sie einen Teil ihres Lebensunterhalts – Wasser benötigten. Jeder Beginenhof bestand aus den Wohnhäusern der Beginen, dem Gemeinschaftshaus für die neuen Beginen, dem Wohnhaus der Vorsteherin (Groote Juffrouw/ Grande Dame), der „Krankenpflegestation" und der „Tafel zum heiligen Geist", die der Versorgung der Armen und Bedürftigen diente. Die Höfe waren eigenständig und besaßen eine aus der Mitte der Beginen gewählte Vorsteherin.

Bis heute ist zweifelhaft, ob der „religiöse Frauenbund" der Beginen – im 12. Jahrhundert in Abgrenzung zu den Nonnenklöstern entstanden – tatsächlich auf die heilige Begga zurückgeführt werden kann, die bereits um 692 ein Kloster in Andenne stiftete. Wer durch das Eingangstor des Beginenhofs von Lier geht, wird an der aus Stein gehauenen heiligen Begga vorbeigehen. Einige Fachleute leiten die Bezeichnung für diesen religiösen Frauenbund von der ursprünglich beigefarbenen Kleidung der Beginen ab. Ausschließen kann man, dass die Beginen ein Bettelorden waren. Ganz im Gegenteil, oftmals waren die Beginen sehr begütert, denn sie kannten kein Armutsgelübde.

Lier: Beginenhof, eine Stadt in der Stadt

Ehe Beginenhöfe entstanden, lebten die Mitglieder der Gemeinschaft in ihren eigenen Häusern. Nur zum gemeinsamen Gebet kamen sie zusammen. Neben einem Gehorsamsgelübde verpflichteten sich die Beginen zur Keuschheit. Doch diese Verpflichtungen konnten jederzeit widerrufen werden. Auch wenn eine Begine aus der Gemeinschaft ausscheiden und heiraten wollte, zog dies, im Gegensatz zu Mitgliedern klösterlicher Gemeinschaften, keine soziale Ächtung nach sich.

Beginen waren bestrebt, gut für ihren Lebensunterhalt zu sorgen. So webten sie Leinen, klöppelten und häkelten Spitze, wuschen und bleichten Wäsche. Außerdem widmeten sie sich der Erziehung der ihnen anvertrauten Mädchen, der so genannten „Wohnkinder". Und ohne die Beginen hätte es über Jahrhunderte keine Armenfürsorge und Krankenpflege gegeben.

Hoogstraten:
EIN BEGINENHOF WECKT BÜRGERSINN

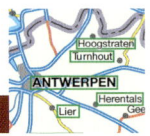

Unter den Dutzenden von denkmalgeschützten Bauten der Stadt vor den Toren Antwerpens – darunter die hoch aufragende, aus fünf Millionen Backsteinen erbaute St.-Katharina-Kirche (Sint-Catharinakerk) – befindet sich der heute frei zugängliche Beginenhof, der als Welterbe durch die UNESCO anerkannt wurde. Er besteht aus 36 Häuschen, dem Pastorat und der dreischiffigen Beginenhofkirche, die Johannes dem Evangelisten und der heiligen Begga geweiht ist. Sie wurde 1687 vollendet, wie man der Jahreszahl im Bogen über dem Eingang entnehmen kann. Vermutlich entstand der Beginenhof um 1380. Allerdings fielen die meisten Gebäude im 16. Jahrhundert einem Brand zum Opfer, nur ein paar Häuschen aus dem 14. Jahrhundert blieben unbeschadet. Die Blütezeit des Beginenhofs lag in der zweiten Hälfte des 17. Jahrhunderts, als Gemeinschaft auf 160 fromme Frauen anwuchs. Ein Jahrhundert später sank die Zahl der Beginen, die im Beginenhof zusammenlebten und arbeiteten, ganz erheblich. 1972 verließ die letzte Begine den Hof.

Danach setzte nach und nach der Verfall der Anlage ein, ehe in den 1990er Jahren Bewohner der Stadt mit der Restaurierung des Ensembles begannen. Die behutsame Instandsetzung war so erfolgreich, dass das Projekt 1997 den Flämischen Denkmalpflegepreis erhielt. Zwischen den Häuser Vrijheid 97 und 99 liegt der Zugang zu der Hofanlage, in deren Zentrum die Beginenhofkirche steht. Erbaut wurde der Sakralbau unter Verwendung regional verfügbarer Ziegel in barockem Stil. Auffallend ist der gewaltige Westflügel der Kirche, die sich als Burg Gottes über den Beginenhäuschen erhebt.

Beginenhof Hoogstraten

Kurz & kompakt

Tourismusinformation
Toerisme Hoogstraten
Stadhuis
Vrijheid 149
2320 Hoogstraten
Tel.: 03-340 19-55/-56
E-Mail: toerisme@hoogstraten.be
www.hoogstraten.be

Unterkunft
Hostellerie De Tram***
Vrijheid 192
2320 Hoogstraten
Tel.: 03314 65 65
E-Mail: info@de-tram.be
www.de-tram.be

Im Beginenhof von Hoogstraten

Turnhout:
SINT-BEGGAPLEIN UND HEILIG-KREUZ-KIRCHE

Dieses Städtchen besitzt seit 1212 Marktrechte. Bekannt ist Turnhout nicht nur für sein Museum, das sich der Geschichte der Spielkarten widmet, sondern auch für einen stimmungsvollen Beginenhof, der im 14. Jahrhundert gestiftet wurde. Diese lang gestreckte Hofanlage liegt nördlich des Stadtzentrums und besitzt Zugänge an der Begijnenstraat und vom Sint-Beggaplein aus. Zum Beginenhof, der jahrzehntelang an der Grenze zwischen den protestantischen Nördlichen und den katholischen Südlichen Niederlanden lag, gehört neben den aus dem 17. Jahrhundert stammenden, backsteinernen Wohnhäusern mit ihren kreuzförmigen Fensterfassungen auch die barocke Beginenhofkirche (1662–1667). Sie ist dreischiffig, aus Backstein errichtet und dem Heiligen Kreuz geweiht. Sie besitzt – und dies ist für das 17. Jahrhundert außergewöhnlich – einen Westchor. Im Inneren ist das gotische Streben gen Himmel noch wahrnehmbar, wenn auch die Ausstattung eine barocke Handschrift zeigt. Der Boden der Kirche ist mit Grabplatten von Beginen, Pastoren und Beginenhofvorsteherinnen bedeckt.

Unweit der Kirche stößt man auf eine Lourdesgrotte aus dem 19. Jahrhundert. Rund um den mit Rasen bedeckten Platz schmiegen sich die Beginenhäuser aneinander: der Portalbau aus Mergelsandstein, der Konvent St.-Joseph, in dem einst Novizinnen lebten, sowie die Häuser „Hl. Gertrud" und „Hl. Katharina".

An der ehemaligen Krankenanstalt (Nr. 67) entdeckt man das für das Rokoko typische Muschelwerk am Portal. Seit 1953 ist im St.-Johannes-Konvent (1693) ein Museum untergebracht. Im Mittelpunkt der Sammlung, die aus Schenkungen begüterter Beginen hervorgegangen ist, steht die Geschichte und das Leben der Beginen, die sich auch mit der Herstellung von Klöppelspitze ihren Lebensunterhalt verdienten. Skulpturen von Walter Pompe, einige Gemälde der Antwerpener Schule des 16. Jahrhunderts und das Modell der Grabkirche in Jerusalem sind sehenswerte Exponate des Museums.

Das National Museum der Spielkarten

Kurz & kompakt

Tourismusinformation
Toerisme Turnhout
Grote Markt 44
2300 Turnhout
Tel.: 014-44 33 55
E-Mail: toerisme@turnhout.be
www.turnhout.be/toerismed

Sehenswürdigkeit
Begijnhofmuseum
Begijnhof 56
2300 Turnhout
Tel.: 014-42 12 48
E-Mail: begijnhofmuseum@turnhout.be

Unterkünfte
Hotel Ter Driezen**
Herentalsstraat 18
2300 Turnhout
Tel.: 014-41 87 57
E-Mail: terdriezen@yahoo.com
www.ter-driezen.be

De Weerelt
Warandestraat 36
2300 Turnhout
Tel.: 014-72 48 65
E-Mail: info@deweerelt.be
www.deweerelt.be

Camping Baalse Hei**
Roodhuisstraat 10
2300 Turnhout
Tel.: 014-42 19 31
E-Mail: info@baalsehei.be
www.baalsehei.be

Restaurant/Café
't Heelal
Grote Markt 17
2300 Turnhout
Tel.: 014-42 78 99
E-Mail: heelal@skynet.be
www.t-heelal.be

Radverleih
NMBS-Bahnhof Turnhout
Stationstraat
2300 Turnhout
Tel.: 014-41 38 01
www.b-rail.be

Radtouren
Binkenroute (59 km) rund um Turnhout und Bels Lijntje (35 km)

Herentals:
EIN TURM MIT „BIRNENSPITZE"

Neben dem Beginenhof, der im Gegensatz zu anderen Beginenhöfen Flanderns nicht Teil des UNESCO-Welterbes ist, ist die Tuchhalle (Lakenhal) am Großen Markt die wichtigste Sehenswürdigkeit. Sie wurde zu Beginn des 15. Jahrhunderts erbaut und von den Wollwebern und Tuchmachern genutzt, ehe 1430 der Rat der Stadt das Gebäude übernahm. Bei dem Brand von 1512 wurde der Bau schwer beschädigt und 1534 durch einen gotischen Neubau aus Sandstein ersetzt. Auffällig ist der von Ecktürmchen flankierte südliche Treppengiebel. Der nördliche Treppengiebel ist seit dem 17. Jahrhundert mit einer Madonnenfigur geschmückt. Die Medaillons der Fassade zeigen Wappen vornehmer Familien aus Herentals sowie das Stadtwappen. Der achteckige Turm ist 35 Meter hoch. Er wurde in Back- und Sandstein ausgeführt und mit einer birnenförmigen Spitze versehen. In diesem Turm steht seit der Mitte des 16. Jahrhunderts ein Glockenspiel.

Kurz & kompakt

Tourismusinformation

Toerisme Herentals
Grote Markt 41
2200 Herentals
Tel.: 014-21 90 88
E-Mail: toerisme@herentals.be
www.herentals.be

Sehenswürdigkeit

Tuchhalle/Rathaus (Lakenhal/Stadhuis)
Grote Markt
2200 Herentals
Tel.: 014-21 90 88

Unterkünfte

Hotel De Swaen***
Belgiëlaan 1
2200 Herentals
Tel.: 014-28 26 35
E-Mail: info@hoteldeswaen.be
www.hoteldeswaen.be

Hotel de Zalm
Grote Markt 21
2200 Herentals
Tel.: 014-28 60 00
E-Mail: hotel@dezalm.be
www.dezalm.be

Radverleih

Bahnhof Herentals
Stationsplein
2200 Herentals
Tel.: 014-21 23 70

Radtouren

Molenpad (48 km) u. Watermolenpad (45 km)

Lier (Lierre):
IDYLLE IM „VENEDIG DES KEMPENLANDES"

An den beschaulich dahinfließenden Grote und Kleine Nete liegt Lier, das „Venedig des Kemperlandes", dessen Stadtrechte auf 1212 zurückgehen. Die Zeiten der großen Viehmärkte und des Wollhandels, für die die Stadt bekannt war, gehören der Vergangenheit an. Eingang in die Weltliteratur fand die Stadt dank der Werke des Schriftstellers Felix Timmermans (1886–1947).

Auf dem Marktplatz ragt der schlanke gotische Stadtturm (1369) in den Himmel. Dieser Turm ist mit einem mechanischen Glockenspiel von 23 Glocken und seit 1411 mit einem zierlichen Wehrgang ausgestattet. Zum Ensemble des Marktplatzes gehören das im Rokokostil gehaltene Rathaus (1740–1745), und Zunfthäuser wie „d'Eyckenboom" und das gotische Fleischhaus von 1451. Das Haus „Schaakberd" (1606) ist eine der ehemaligen Brauereien der Stadt, die für ihr dunkles „Caves" bekannt sind.

DER MANDELBAUM VON LIER

Eine Welt für sich ist der 1258 gestiftete, ursprünglich außerhalb der mittelalterlichen Stadtmauer angelegte Straßenbeginenhof, den der Dichter Felix Timmermans den „Mandelbaum von Lier" nannte. Dieser von einer Mauer umschlossene Beginenhof in der Nähe der Nete zählt mit den überwiegend aus dem 16. bis 18. Jahrhundert stammenden 150 Häuschen zu den größten Flanderns. Er sah im Laufe der Geschichte Hochs und Tiefs, etwa die Vernichtung der „Tafel vom Heiligen Geist", an der die Armen gespeist wurden, im 15. Jahrhundert oder

Eine Stätte der Beschaulichkeit und Ruhe

die Plünderungen im 16. Jahrhundert. Besonders im ersten Viertel des 18. Jahrhunderts verzeichnete die Beginengemeinschaft enormen Zulauf, sodass mehr als 300 Beginen in dem der heiligen Margaretha geweihten Beginenhof gezählt wurden. Zu der Zeit, als Felix Timmermans seine romantischen Erzählungen veröffentlichte, gab es in Lier noch 67 gottesfürchtige Beginen.

Am barocken Eingangsportal (um 1690) an der Begijnenhofstraat, einem der drei Zugänge zum Beginenhof, wacht eine steinerne heilige Begga. Links in einer Nische des Hoftores steht ein Marienbildnis. „Aus Holland über das Meer gefahren und in unsere Stadt gekommen", so lautet die Inschrift darunter. Felix Timmermans ließ sich durch diese Mariendarstellung zu der Erzählung „Die sehr schönen Stunden Jungfer Symforosa des Beginchens" anregen. Sie spielt in einem schmalen Sträßchen, Hemdsmouwken genannt. Dort lebte die Jungfer Symforosa. Martinus, der Gärtner, in den sich die Jungfrau unglücklich verliebte, lebte in der nahe gelegenen Hellestraat 6. „(...) Jetzt ist es Zeit, den Garten zu bestellen. Und das Beginchen Symforosa hat den Gärtner Martinus, der ein Neffe des Herrn Kaplan ist, nach ihrem Höfchen kommen lassen, damit er die Gemüsebeete anlege, Blumen pflanze und den schönen Weinstock beschneide. (...) Symforosa mit ihrem spitzigen Näschen steht dabei und schaut zu. Sie strickt an einem weißen Strumpf und spricht umständlich über den Weinstock." Mit diesen Worten beschreibt Timmermans den Alltag im Beginenhof,

Der Beginenhof von Lier

dessen Beschaulichkeit nach wie vor vorhanden ist. Nur einmal im Jahr, am zweiten Wochenende nach Pfingsten, rückt die Beginenhofprozession das „verwunschene Viertel" in den Mittelpunkt der Aufmerksamkeit.

Wer in der übrigen Zeit des Jahres in den Beginenhof eintaucht, durchstreift kleine Gässchen, an denen niedrige, weiß geschlämmte Häuschen Spalier stehen. Sie tragen Namen wie „Paradieschen", „Zum lieben Jesus" oder „Zum unbefleckten Herzen", ein Ausdruck dafür, dass die hier lebenden Frauen Gott einst sehr nahe waren. An der Sint-Margarethastraat steht die im flämischen Barock von 1664 bis 1764 erbaute Beginenhofkirche, die noch Spuren der ursprünglich gotischen Ausformung aufweist.

Kurz & kompakt

Tourismusinformation

Toerisme Lier
Stadhuis
Grote Markt 57
B 2500 Lier
Tel.: 03-8 00 05 55
E-Mail: tourisme@lier.be
www.lier.be

Sehenswürdigkeit

Timmermans-Opsomerhuis
Netelaan 2-6
2500 Lier
Tel.: 03-800 03 94

Unterkünfte

Hof van Aragon
Aragonstraat 6
2500 Lier
Tel.: 03-491 08 00
E-Mail: info@hofvanaragon.be
www.hofvanaragon.be

B&B Artemisia
Van Genechten-Peeters
Leopoldplein 53
2500 Lier
Tel.: 03-488 63 13 oder 0498-41 61 44
E-Mail: artemisia@surfadsl.net

Restaurant/Café

De Fortuin
Felix Timmermansplein 7
2500 Lier
Tel.: 03-480 29 51
E-Mail: p.r.groepscheers@skynet.be
www.defortuin.be

Mecheln (Mechelen/Malines):
FRÖHLICHES GLOCKENSPIEL UND FROMME FRAUEN

Nur einer der beiden Stadttürme von Mecheln ist weithin sichtbar, ist er doch zugleich der Kirchturm der hiesigen Kathedrale. Der andere ist ein „Turmstumpf" und nur von Fachleuten überhaupt als Stadtturm zu identifizieren. Neben diesen Stadttürmen gehört der Große Beginenhof von Mecheln zu den „Schätzen der Menschheit". Dieser ist längst keine Enklave für fromme Frauen mehr, sondern als Wohnquartier in die Stadt integriert.

Der unvollendete Stadtturm ist Teil des Rathauses (1320–1326) am Grote Markt, der andere ist der 97 Meter hohe St.-Rombout-Turm. Erbaut wurde dieser mächtige Turm zwischen 1452 und 1520, wahrscheinlich nach Plänen von Jan II. Keldermans, der in seinem Entwurf eine Turmhöhe von unglaublichen 167 Metern vorgesehen hatte.

Auch wenn sich diese Pläne nicht realisiert haben, so hatte der Turm von St.-Rombout doch seinen Bewunderer: Vauban. Der Festungsbaumeister Ludwigs XIV. nannte den Turm das „achte Weltwunder" – gewiss eine Übertreibung. Den aus politischen Gründen aus seiner französischen Heimat geflüchteten Schriftsteller Victor Hugo, den Schöpfer des „Glöckners von Notre-Dame", faszinierten bei seinem Besuch im August 1837 der Turm der

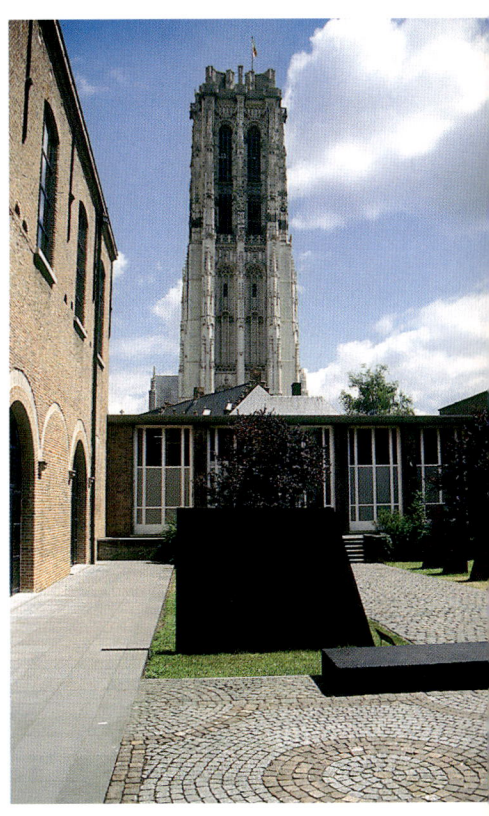

St.-Rombout-Turm: Kirchturm und Stadtturm zugleich

Kathedrale und das Mechelner Glockenspiel. Seine Eindrücke kleidete er in die Worte: „Man stelle sich ein Klavier mit einer Höhe von 400 Fuß vor und die Kathedrale als Flügel". Ob Hugo die 514 Stufen gezählt hat, die man bei der Turmbesteigung erklimmen muss?

WOHLTÖNENDE GLOCKEN IM ALLTAGSTRUBEL

Auf einem Spaziergang durch Mecheln vernimmt man, bisweilen ein wenig vom Straßenlärm übertönt, die Glockenspiele der Stadt. Die einstige Hauptstadt der südlichen Niederlande verfügt über mehrere Glockenspiele: Zwei befinden sich im St.-Rombout-Turm und eines im Turm des Hofs Van Busleyden. Als „Väter des Glockenspiels von Mecheln" gelten Vater und Sohn Denyn. Jef Denyn (1862–1941) kam mehr durch Zufall zum Glockenspiel, wollte er doch eigentlich Ingenieur werden. Er begleitete seinen Vater, der als Stadtglockenspieler arbeitete, häufig auf den Turm der Kathedrale St. Rombout. Durch Zuschauen und gelegentliches Üben unter väterlicher Aufsicht konnte der Sohn bald seinen Vater an der Tastatur und den Pedalen ablösen.

Ohne die Kreativität der Glockengießer könnte aber auch ein Glockenspieler keinen Wohlklang erzeugen: Simon Waghevens (1449–1526) war der Schöpfer der Mariaglocke (1498) im St.-Rombout-Turm und vom „Stradivari des Glockengießens", Pieter Hemony (1610–1680), stammen 27 Glocken des alten Glockenspiels. Doch dieses schweigt, da es nicht mehr wohlklingt. Seit 1981 wird das neue Glockenspiel mit 49 Glocken bespielt. Mechelner Glockenspielkonzerte finden seit 1892 sehr zur Freude von Besuchern und Einheimischen regelmäßig statt.

Blick vom Marktplatz auf die St.-Rombout-Kathedrale

Beginenhof

Zwischen dem neogotischen Palast des Großen Rates (Stadthuis) und dem in Neobarock und Neogotik umgebauten Teil der vormaligen Tuchhalle entdeckt der aufmerksame Betrachter beim Besuch Mechelns einen turmartigen viergeschossigen Aufbau mit zwei vorragenden Ecktürmchen. Ein Spitzbogenfries bezeichnet das zweite Geschoss, die gezinnte Brustwehr im darüber liegenden Geschoss verweist auf die militärische Funktion des Gebäudes, in das der unvollendete Belfried integriert ist.

Hier lebten einst nur fromme Frauen

Spuren der beiden Beginenhöfe der Stadt, des Großen und des Kleinen Beginenhofs, sind heute noch im Stadtbild auszumachen. Der Große Beginenhof entstand im 13. Jahrhundert außerhalb der Stadtmauern. Erst nach dem Ende der Religionskriege des 16. Jahrhunderts wurde ein Beginenhof innerhalb der Mauern erbaut. Dieser Beginenhof bestand von 1595 bis 1798 und ersetzte den zwischen 1572 und 1578 mehrfach gebrandschatzten und schließlich vollständig verwüsteten Großen Beginenhof vor der Stadt. Zu dem Kleinen Beginenhof – es handelt sich um einen Straßenbeginenhof zwischen der Sint-Katelijnestraat und der Guido Gezellelaan –, kamen durch Zukauf der Hof Van Fontes und das Refugium der Abtei Sint-Bernard von Hemiksem hinzu. Dieses frühere Fluchthaus diente den Beginen als Krankenpflegeanstalt.

Im Laufe der Jahrhunderte dehnte sich der Große Beginenhof aus: Konvente wie der Konvent Van Den Brande in der Nonnenstraat und der so genannte Konvent der zwölf Apostel in der Twaalf Apostelenstraat sowie Beginenhäuschen im flämischen Renaissancestil wurden gestiftet. Erworben wurde das in der gleichen Epoche im flämischen Renaissancestil erbaute und in der Nachbarschaft der Beginenhofkirche gelegene Zellenbrüderkloster, dessen Südflügel den Beginen als Scheune und Lagerraum diente.

Die dreischiffige, der heiligen Katharina und dem heiligen Alexius geweihte Beginenhofkirche ist einer der schönsten frühbarocken Sakralbauten Flanderns. Sie wurde zwischen 1629 und 1647 erbaut und unter maßgeblichem Einfluss des berühmten, aus Mecheln stammenden Barockbildhauers Lucas Fayd'herbe ausgestaltet. Inspiriert durch den italienischen Barock erhielt die Kirche unter anderem Rundbogenarkaden und Pilaster mit korinthischen Kapitellen sowie schmucke Eierleisten. Zur Ausstattung gehören zahlreiche Gemälde des 17. Jahrhunderts, darunter „Die Himmelfahrt des heiligen Carolus Borromäus" von Erasmus Quellin und „Die Himmelfahrt Marias" von Lucas II. Franchoys dem Jüngeren. Prächtige Schnitzarbeit von Jan-Frans Boeckstyns ziert die Kommunionbank. Von Lucas Fayd'herbe selbst stammen die Plastiken „Salvator Mundi" und „Mater Dolorosa".

Die Blütezeit des Großen Beginenhofs war das 17. Jahrhundert, als 750 fromme Frauen hier gemeinsam lebten und arbeiteten. Weit über die Grenzen der Stadt waren die Damen für ihre Spitzen-

Das Vorbild eines restaurierten Kloster-Interieurs in der Hoviusstraat Nr. 15.

klöppelei bekannt. 1798, infolge der französischen Besetzung, wurde der Beginenhof aufgelöst. Erst nach 1814 konnten die geflüchteten Beginen wieder in ihren Hof zurückkehren. Die Stadterweiterung im 19. und 20. Jahrhundert hatte für den Beginenhof tief greifende Folgen, wurde doch die historische Bausubstanz durch Umbau verschandelt. Bis heute kann man jedoch noch die ummauerten Gärtchen in der Fonteinstraatje, die pittoreske Hoviusstraat und die Nonnenstraat mit der Beginenhofkirche, dem Jesustor und ihren Beginenhäuschen ausmachen.

Kurz & kompakt

TOURISMUSINFORMATION
Toerisme Mechelen
Hallestraat 2-4
2800 Mechelen
Tel.: 015-29 76 55
E-Mail: toerisme@mechelen.be
www.mechelen.be

SEHENSWÜRDIGKEITEN
Sint-Romboutstoren
Nur im Rahmen von Stadtführungen ist der Turm zu besteigen; Infos bei Toerisme Mechelen.
Beiaardconcerten: 1. Jun.–15. Sept.: Mo 20.30 Uhr, für Konzertbesucher Bestuhlung des Innenhofes des Cultureel Centrum A. Spinoy

UNTERKÜNFTE
NH Mechelen****
Korenmarkt 22-24
2800 Mechelen
Tel.: 015-42 03 03
E-Mail: nhmechelen@nh-hotels.be
www.nh-hotels.com

Muske Pitter*
Hanswijkstraat 70
2800 Mechelen
Tel.: 015-43 63 03

Jugendherberge De Zandpoort
Zandpoortvest 70
2800 Mechelen
Tel.: 015-27 85 39
E-Mail: mechelen@vjh.be
www.vjh.be

RESTAURANTS/CAFÉS
Folliez
Korenmarkt 19
2800 Mechelen
Tel.: 015-42 03 02

Eetcafé De Graspoort
Begijnenstraat 28
2800 Mechelen
Tel.: 015-21 97 10

Brasserie Het Anker
Guido Gezellelaan 49
2800 Mechelen
Tel.: 015-20 38 80

Bürgerstolz mit Glockenspiel

Ein Belfried (frz. Beffroi) erinnert in seiner Form an einen Campanile auf einer italienischen Piazza. Die Stadttürme, die bisweilen auch Glocken- und Kirchtürme waren, so in Antwerpen, Mecheln und Tongern, wurden zunächst als Wachtürme errichtet, um sich gegen anstürmende Feinde oder auch gegen die Gefahren eines Brandes zu schützen. In diesen Türmen hing die Stadtglocke, mit der, war Gefahr im Verzug, die ahnungslosen Stadtbewohner alarmiert wurden. Im Laufe des Mittelalters fügte man den „Wolkenkratzern" der damaligen Zeit vielfach ein Uhrwerk und ein Glockenspiel hinzu. Und nicht nur auf Gent trifft zu, was der Schriftsteller Albrecht Rodenbach in „Klokke Roeland" schrieb: „Über Gent erhebt sich, einsam und grau, der alte Belfried, Sinnbild der Vergangenheit." Als die Städte noch keine Rathäuser errichtet hatten, tagten die Ratsherren im Belfried, der an manchen Orten auch zeitweilig als Gefängnis und als Aufbewahrungsort der Stadturkunden diente.

Am Anfang war das Läuten

Begonnen hatte alles mit dem Läuten der Kirch- und Stadtglocken. Da sehr häufig im geschäftigen Treiben der aufblühenden flämischen Handelsstädte das Stundenläuten überhört wurde, fügte man ein zweites Glöckchen hinzu. Es sollte die Aufmerksamkeit auf das Läuten der Stunde lenken. Einen weiteren Ursprung für die Kunst des Glockenspiels ist im Aufblühen der flandrischen Städte vom 13. bis 16. Jahrhundert zu finden. Als Ausdruck des Reichtums und der Stadtfreiheit ließen sich die Städte von Glockengießern wie den Gebrüdern Hemony, den Waghevens und den Van den Geyns feinste Glocken für ein Glockenspiel gießen.

Steinernes Manifest des reien Bürgertums

Vom freien Bürgersinn der Zünfte und Gilden zeugt auch der im 14. Jahrhundert erbaute „Gemeindeturm" Gents, in dem ein Glockenspiel des berühmten Löwener Glockengießers Peter Hemony hängt. Mit 88 Metern Höhe ragt in Brügge der Glockenturm in den Himmel. Dabei ist der Turm ein wenig aus der Balance geraten und neigt sich um mehr als einen Meter in südöstliche Richtung. Zu seinen Füßen liegen die Tuchhalle und der stets belebte Marktplatz der Stadt. Wie Phönix aus der Asche erheben sich nach den Schrecken und Zerstörungen des Ersten Weltkriegs die heutige Tuchhalle und der Belfried von Ypern. Mitten auf dem Markt steht der Belfried von Kortrijk, den neben dem Stadtwappen auch ein Marienbild schmückt. „Manten" und „Kalle" bringen die Uhrglocke dieses Glockenturms zum Klingen. Von der Turmspitze schaut derweil Merkur, der hier als Wetterfahne dienende Gott des Handels, auf das geschäftige Treiben zu seinen Füßen herab.

Brüssel (Bruxelles/Brussel):
GRAND-PLACE – VORHANG AUF FÜR EIN WELTERBE

Die barocke Grand-Place mit ihren Cafés ist stolzer Mittelpunkt der Stadt. Die Zeiten sind vorbei, als die Freundin von Victor Hugo zu später Stunde zu ihrem Geliebten ins „Le Pigeon" eilte. Der „Vater des Kommunistischen Manifests" Karl Marx, der sich mit gleich gesinnten Geistern im „Le Cygne" traf, hat längst auf dem Londoner Highgate-Friedhof seine letzte Ruhe gefunden. Heute leiten Fähnchen schwenkende Reiseleiter ungezählte Besuchergruppen über den Platz. Kinder in Pfadfinderkluft, die aus der Provinz zu Besuch in die Hauptstadt gekommen sind, toben auf der Löwentreppe des Rathauses herum. In den frühen Morgenstunden gehört der Platz orangegekleideten Saubermännern. Und während des sonntäglichen Vogelmarkts erklingt in aller Herrgottsfrühe das vielstimmige Gezwitscher gefiederter Gesellen.

Dem weitsichtigen Bürgermeister Charles Buls ist es zu verdanken, dass dieses einmalige städtebauliche Ensemble mit dem reich verzierten gotischen Hôtel de Ville (Rathaus) und den verspielten Giebeln der Brüsseler Gildehäuser im späten 19. Jahrhundert vor der Spitzhacke bewahrt wurde. Sieben Jahrhunderte zuvor war der Platz ein Ort geschäftigen Handelns und Feilschens. Tuche aus flandrischem Flachs und englischer Wolle wechselten ihren Besitzer. Brot, Fleisch, Heringe, Butter und Gewürze wanderten vom Markt in die Kochtöpfe der Brüsseler.

FÜRSTLICHER EINZUG AUF DEM „GROSSEN PLATZ"

Auf dem „Großen Platz" versammelten sich die Bürger der Stadt, um im Jahr 1549 Kaiser Karl V. zu huldigen, der mit seinem Hofstaat durch sein Reich zu reisen pflegte. Während des jährlichen „Ommegang" (Rundgang) halten bis heute der Hofstaat des habsburgischen Kaisers, zudem Gaukler, Feuerschlucker und Barden feierlich Einzug auf dem in der abendlichen Dämmerung spärlich beleuchteten Geviert vor dem Brüsseler Rathaus. Dann ist ein einmaliges Spektakel zu

„Adlige Festgesellschaft" beim Ommegang auf der Grand-Place

erleben, wird der historische Grand-Place zur Bühne: Ist da nicht ein Trommelwirbel zu vernehmen, Pferdegetrappel und Wiehern, vermischt mit Posaunenklängen? Und tatsächlich, just biegen sie auf den Platz ein: Reiter auf stämmigen Rössern, mit Kesselpauken bewehrt, geschickte Fahnenschwinger, Stelzenläufer in akrobatischer Waghalsigkeit, Feuerschlucker und Gaukler, die mit allerlei Kunststücken das gemeine Volk unterhalten. Schließlich zieht der Hofstaat Karls V. vorüber: Da schreitet Maria von Österreich in ihrem blauen, bodenlangen Samtkleid einher, in ihrer Begleitung Georg von Österreich, der Fürstbischof von Lüttich, und dort erblickt man die edlen Ritter des Ordens vom Goldenen Vlies, in kostbaren roten Samt mit Hermelinbesatz gekleidet. Nicht zu übersehen ist der Ehrengast des Umzugs: Hoch zu Ross reitet der wohlbeleibte Kaiser Karl V. auf der Grand-Place ein.

Auferstanden aus den Flammen

Einem Flammenmeer glich der Große Markt, als am 13. und 14. August 1695 aus französischen Geschützen ein wahrer Bombenregen auf die Stadt niederfiel. Das Haus der Fettmacher, „La Brouette", an der Schubkarre über dem Eingang zu erkennen, blieb als einziges Zunfthaus nahezu unversehrt. Fünf Jahre dauerte es, ehe die Formenvielfalt des Platzes wieder hergestellt war. An einer Seite funkeln Blattgold belegte Zierurnen und Girlanden, an der anderen ein Posaune spielender Engel. Versteinert blicken römische Kaiser auf die Menge unter ihnen. Flachfeiler mit vergoldeten

Festlich gekleidet für den Ommegang auf der Grand-Place

Renard, Cornet, Louve und Sac

Kapitellen schmücken die Fassade des einen, gedrehte Säulchen die Fassade eines anderen Zunfthauses.

Ein besonderes Hauszeichen: der Fuchs am Eingang des Hauses „Le Renard"

Reliefs und Medaillons über den Hauseingängen verraten den Namen der jeweiligen Zunfthäuser. Die Schutzpatrone der Zünfte zieren ihre Eingänge und Giebel. An der Westseite wacht der heilige Nikolaus mit goldenem Bischofsstab auf dem „Haus der Kurzwarenhändler" („Le Renard") über deren Geschicke. Namenspate für das Haus ist das Relief des im Eingang sitzenden Fuchses. Ungewiss ist, ob sich die ortsansässigen Kurzwarenhändler auch für so schlau wie Reineke Fuchs hielten. Nebenan gleicht der Giebel des „Hauses der Schiffer" („Le Cornet") dem Heck

Le Cornet

Kuppelturm scheint Beifall heischend eine goldene Nymphe Pirouetten zu drehen.

SCHMUCKE FASSADEN, BIER UND PRALINEN

Einem italienischen Palazzo gleicht die Bebauung an der Ostseite des Platzes. Hinter einer von flachen Wandpfeilern gegliederten Fassade des Maison des Ducs de Brabant – nach den 19 Büsten der Herzöge von Brabant, welche die Fassade zieren, benannt – verbergen sich gleich sechs Zunftsitze, darunter „La Fortune" (Nr. 15.), „Le Moulin à Vent" (Nr. 16) und „La Colinne" (Nr.18).

An der Südseite der Grand-Place grüßt der steinerne Karl von Lothringen hoch zu Ross die Besucher. Er thront auf dem Zunfthaus der Brauer, „L'Arbre d'Or" („Goldbaum") genannt. Es ist heute der Sitz der belgischen Brauereivereinigung. In den Kellergewölben hat man das Musée de la Brasserie eingerichtet: Wer glaubt, hier werde noch gebraut, erlebt eine Enttäuschung. Kein Duft von Bierwürze füllt das ehemalige Sudhaus. Die blanken Braukessel sind leer und nur Staffage. Kein Braumeister verkostet in Fässern eingelagertes Lambic. Stattdessen informiert eine mehrsprachige Videoanimation über die noch bestehenden Brauereien Belgiens, in denen Lambic, Gueuze und Blanche de Namur gebraut werden. Gourmets lassen sich nebenan im Restaurant „Le Cygne" verwöhnen, über dessen Eingang ein steinerner Schwan stolz seine Flügel spreizt; wahrlich für die Zunft der Fleischer eine seltsame Reklame.

einer mächtigen Galeone, die durch die Wellen des Meeres gleitet.

Nicht nur in Italien wurden Romulus und Remus von einer Wölfin gesäugt, sondern auch an der Grand-Place. Wo? Am „Haus der Bogenschützengilde", das den Namen „Wölfin" („La Louve") trägt. An den säulen- und pfeilergeschmückten Fassaden von „Le Sac" („Der Sack") und „La Brouette" („Die Schubkarre") vorbeilaufend, kommt man zum „Haus der Bäcker", das merkwürdigerweise „Le Roi d'Espagne" („König von Spanien") genannt wird. Auf dessen schmuckem

Bronzene Skulptur des sterbenden 't Serclaes

Der schattige Säulengang von „L'Etoile" („Der Stern") wird durch das Aufflackern von Blitzlichtern erhellt. Objekt fotografischer Begierde ist die bronzene Plastik des sterbenden Schöffen Everard 't Serclaes, über der sich eine Bronzereliefplatte befindet. Auf ihr sind der Einfall flandrischer Truppen in das 1356 brabantische Brüssel und die Vertreibung der Landsknechte des Grafen Lodewijk van Maele durch eine von 't Serclaes geführte Hundertschaft Brüsseler Bürger dargestellt. Der Brüsseler Schöffe musste seine Loyalität zu Brabant mit dem Leben bezahlen. Meuchelmörder, von Lodewijk van Maele gedungen, überfielen und ermordeten ihn.

Ein Schatzkästlein der Gotik: Das Rathaus

Zerbrechlich wie Eiskristalle erscheinen die schlanken Ecktürmchen an beiden Flügeln des Rathauses. Der mit aufgesetzter Wetterfahne 96 Meter hohe Turm des Rathauses steht zwischen dem kürzeren West- und dem längeren und älteren Ost-

Detail vom Haus „König von Spanien"

Das Rathaus

Statuetten und Skulpturen in den Nischen und auf den Konsolen, darunter die Statthalterin Maria von Ungarn, sind in ihren aus Stein geschaffenen Kostümen „Models" auf dem Laufsteg der Geschichte.

Ein Haus für einen pinkelnden Knaben: Die Maison du Roi

Das aus bläulichem Granit geschaffene „Haus des Königs", im Laufe der Geschichte Zunfthaus der Bäcker und königlich-spanisches Gericht, sieht wie ein verkleinertes Ebenbild des Brüsseler Rathauses aus. Der Besuch des Musée de la Ville de Bruxelles ist eine Empfehlung für alle, die sich mit der bewegten Brüsseler Stadtgeschichte beschäftigen möchten. Der über die Grenzen Belgiens bekannte pinkelnde Knabe, Manneken Pis,

flügel. Ein sitzender Löwe gab der Außentreppe des Ostflügels den Namen „Löwentreppe". Szenisch gestaltete Konsolen und Kapitelle dieses Flügels zeigen unter anderem einen im Harem ruhenden Mauren und zechende Mönche. Diese Figuren verweisen auf die beiden Häuser „Der Mohr" und „Pfaffenkeller", die der Erweiterung des Rathauses im 15. Jahrhundert weichen mussten.

Das Bombardement der Grand-Place richtete sich 1695 vor allem auf den hohen Rathausturm, von dem aus die französischen Belagerer zu beobachten waren. Im Zuge des Wiederaufbaus entstand vier Jahre später im Kontrast zu den barocken Zunfthäusern eine gotische Nachbildung des Ursprungsbaus. Die zahlreichen

Skulpturenschmuck des gotischen Rathauses

lässt die Mehrzahl der Besucher ins Museum kommen. Im Obergeschoss des Museums huldigt man dem „kleinen Prinzen von Brüssel". Inzwischen kann der vielfach verehrte Knabe unter über 500 Kostümen wählen, um sich einzukleiden. Die Idee zur Einkleidung der unschicklich, weil öffentlich, urinierenden Brunnenfigur hatte 1698 der damalige habsburgische Statthalter Kurfürst Max-Emanuel von Bayern.

Wer sich dem Strom derer anschließt, die in südliche Richtung die Grand-Place verlassen, kommt unweigerlich zur Brunnenfigur des pinkelnden Knaben. Menschentrauben drängen sich zu fast jeder Tageszeit mit Fotokameras um den nackten Jungen, der in hohem Bogen sein Wasser ablässt. Als augenzwinkernder Beitrag zur überfälligen Gleichberechtigung ist in der Impasse de la Fidelité die Statue der im Sitzen urinierenden Janneken Pis platziert worden.

Das Haus des Königs und das Stadtmuseum

Kurz & kompakt

TOURISMUSINFORMATION
Brüssel International Tourismus & Kongress
Grand-Place
1000 Brüssel
Tel.: 02-513 89 40
E-Mail: tourism@brusselsinternational.be
www.brusselsinternational.be und
www.brucity.be

SEHENSWÜRDIGKEITEN
Maison du Roi/Museum der Stadt Brüssel
Grand-Place
1000 Brüssel
Tel.: 02-279 43 55

Brauereimuseum
Grand-Place 10
1000 Brüssel
Tel.: 02-511 49 87
www.beerparadise.be

Kakao- und Schokoladen-Museum
Rue de la Tête D'Or 9/11
1000 Brüssel
Tel.: 02-514 20 48
E-Mail: info@mucc.be
www.mucc.be

UNTERKÜNFTE
Métropole***
place de Brouckère 31
1000 Brüssel
Tel.: 02-217 23 00
E-Mail: info@metropolehotel.be
www.metropolehotel.com

Atlas**
rue du Vieux-Marché-aux-Grains 30
1000 Brüssel
Tel.: 02-502 60 06
E-Mail: info@atlas-hotel.be
www.atlas-hotel.be

Jugendherberge Jacques Brel
rue de la Sablonnière 30
1000 Brüssel
Tel.: 02-218 01 87
E-Mail: brussels.brel@laj.be

Bierfest auf der Grand-Place

Restaurants/Cafés

La Quincaillerie
rue du Page 45
1050 Brüssel (Ixelles)
Tel.: 02-533 98 33
E-Mail: info@quincaillerie.be
www.quincaillerie.be

Bonsoir Clara
rue A. Dansaert 22
1000 Brüssel
Tel.: 02-502 09 90
E-Mail: resto.bonsoirclara@skynet.be

Khnopff
rue St-Bernard 1
1060 Brüssel (Saint-Gilles)
Tel.: 02-534 20 04
E-Mail: info@khnopff.be
www.khnopff.be

In 't Spinnekopke
pl du Jardin aux-Fleurs 1
1000 Brüssel
Tel.: 02-511 86 95
E-Mail: info@spinnekopke.be
www.spinnekopke.be

Radverleih

Pro Velo
rue de Londres 15
1050 Brüssel
Tel.: 02-502 73 55
E-Mail: fietstoerisme@provelo.org
www.provelo.org
(auch geführte Touren)

Brüssel (Bruxelles/Brussel):
JUGENDSTILBAUTEN DES ARCHITEKTEN VICTOR HORTA

Um 1900 stellte die Villa des wohlhabenden Mäzens die wichtigste Herausforderung für die jungen Architekten eines neuen Baustils dar. Die städtische Oberschicht wollte „fürstlich wohnen", wandte sich aber vehement gegen das eintönige Kopieren alter Kunststile und drängte zu neuen Ufern.

Neobarock, Neorenaissance und Neogotik waren in den Reihen des aufgeklärten Bürgertums verpönt. Stilmaskeraden und stillose Stilhäufungen wurden ad acta gelegt. Stahl, Metall und Glas, die Werkstoffe für Maschinen und Fabriken, waren die Materialien für den neuen Stil (Art Nouveau) und hielten am Ende des 19. und zu Beginn des 20. Jahrhunderts Einzug in die Welt der Villen und Stadthäuser Brüssels.

AUFBRUCH ZUM „NEUEN STIL"

Starre Fassaden „lösten sich auf", wurden von farbenfrohen Kratzbildern mit Motiven der vier Jahreszeiten oder idyllisch anmutender Flora aufgelockert. Und auch die Innengestaltung der Gebäude geriet in Bewegung: Stuhllehnen, Treppengeländer, Flurgarderoben oder Sofaumbauten verwandelten sich in „emporzüngelnde" Strukturen. Möbelstücke verwuchsen bisweilen mit dem

Raum, schmiegten sich an Ecken, hafteten am Boden und schlugen Wurzeln. Skelettkonstruktionen statt eines massiven Mauerwerks, dazu Glas und gusseiserne Säulen, die sich in „Blattwedeln" auflösen und der Statik wie auch der dekorativen Gestaltung dienen, waren in der letzten Dekade des 19. Jahrhunderts unter jungen Architekten der „neuen Zeit" en vogue.

Maison Horta

Victor Horta (1861-1947) – Architekt der „neuen Zeit"

Unter den Architekten des Art Nouveau ragt der später in den Adelsstand erhobene Victor Horta heraus. Er gilt als der geniale Geist des „neuen Stils", dessen Anfänge allgemein mit dem Bau des Hôtel Tassel (1892/93) in Verbindung gebracht werden. Hortas Überzeugung vom neuen Bauen materialisierte sich auch in seinem eigenen Atelier- und Wohnhaus, dem heute öffentlich zugänglichen Maison Horta. Horta entwarf darüber hinaus die Privatvillen aufgeschlossener Industriebarone wie das Hôtel Solvay, aber auch das Maison du Peuple, das 1964 ein Opfer der Abrissbirne wurde. Denn unter den Intellektuellen jener Zeit nahm die Zahl derer zu, die sich nach der europäischen Wirtschaftskrise von 1884, dem Sturz der liberalen Regierung Belgiens, der Gründung der Belgischen Arbeiterpartei und den blutig niedergeschlagenen Arbeiteraufständen im Süden Belgiens der Sache der Arbeiter verbunden fühlten. Unter ihnen waren auch die drei Anwälte Jules Destrée, Emile Vandervelde und Max Hallet. Ihnen ist zu verdanken, dass das Projekt des Brüsseler Volkshauses (Maison du Peuple) Victor Horta anvertraut wurde. Max Hallet beauftragte Horta außerdem mit der Planung einer Residenz in der Avenue Louise.

Die wichtigsten Gebäude des Jugendstils, für die neben Horta auch Architekten wie Paul Hankar, Paul Cauchie und Paul Saintenoy verantwortlich zeichneten, verteilen sich auf Ixelles und die Gegend rund um den Ambiorix-Platz (Square Ambiorix) unweit des Jubelparks (Parc du Cinquantenaire). Vier aus einer Reihe seiner Bauten wurden für würdig befunden, als „Welterbe" anerkannt zu werden: Hôtel Tassel, Hôtel Solvay (1895–1900), Hôtel van Eetvelde (1895–1896, 1900/01) sowie Maison und Atelier Horta (1898–1901).

Hôtel Tassel – Das Haus eines Professors

Der Universitätsdozent Emile Tassel ließ sich auf schmalem Grund und Boden (7,76 x 29 Meter) sein Wohnhaus erbauen. Die schwungvollen Linien der symmetrisch aufgebauten Fassade aus dunklen und ockergelben Steinen sind dezent. Auffallend ist der zentrale bauchige Erker. Die strukturellen Elemente der Vertikalen und Horizontalen bestehen aus Eisen; Buntglas schmückt die Fensterreihe über dem Eingangsbereich und „Wurzel-

Hotel Tassel

säulchen" sind beachtenswerte Elemente des Zwischengeschosses. Leichtigkeit und Helligkeit sind für das Innere charakteristisch: eine Treppe aus hellem Birkenholz, schmiedeeiserne Balustraden, statt tragender Mauern schlanke gusseiserne Säulen, die sich „verästeln", an aufrollende Farne oder Lianen erinnernde Motive an Decken und auf dem Fußboden sowie ein lichtdurchfluteter Wintergarten. Die achteckige Halle, die Salons und Esszimmer gleichen einer Bühne für ein „soziales Theater".

HÔTEL SOLVAY – EIN ZUHAUSE FÜR EINEN PHILANTHROPISCHEN INDUSTRIELLEN

Die Industriellenfamilie Solvay, deren Name für die Revolutionierung der Sodaindustrie steht, war fasziniert von Hortas moderner Architekturauffassung. Hortas Faible für Leichtigkeit und Helligkeit beim Bau von Häusern ist auch in dem luxuriösen Zuhause des Industriellen Armand Solvay zu spüren. Gebaut wurde das mehrgeschossige Gebäude an der Avenue Louise aus hellem Sandstein und Lagen von blaugräulicher Kalkstein. Die Fassade – sie gleicht einem modernen Triptychon – erscheint mit ihrer horizontalen und vertikalen Gliederung sowie den konvexen und konkaven Formen überaus bewegt. Sichtbar ist hier und da die „genietete Eisenstruktur" des Gebäudes.

Eine Vielzahl Marmorsorten mit unterschiedlichen Maserungen und zwölf exotische Holzsorten sind die Materialien der Innengestaltung. Vergoldete Bronze

Das Hotel Solvay in der Avenue Louise Nr. 224

und Schmiedeeisen wurden gleichfalls als dekorative Elemente eingesetzt. Das Treppenhaus als bewohnbarer Raum wird durch zwei Lichtkuppeln überwölbt, die ausreichend natürliches Licht ins Innere eindringen lassen. Rankenwerk zeichnet die Struktur der Treppengeländer aus. Auch die Balustraden wie die des Musiksaals schmücken florale Formen, die an zerbrechliche Irisblüten erinnern. Schwungvolles „Astwerk" fasst den Heizkörper des Esszimmers ein; die Handgriffe der Türen gleichen einem offenen Knoten. Neben dem expressionistischen, in lichten mediterranen Farben gehaltenen Gemälde „Die Lektüre im Garten" von Théo van Rysselberghe finden sich im Haus Kunstwerke von Charles van der Stappen und Victor Rousseau.

HÔTEL VAN EETVELDE – HERRENHAUS EINES STAATSSEKRETÄRS

Zwischen Square Ambiorix und Square Marie-Louise – unweit des gleichfalls von

Horta entworfenen klassizistischen „Tempels" für Jef Lambeaux' „Die menschlichen Leidenschaften" – steht das Herrenhaus, das Horta für Baron Edmond van Eetvelde entworfen hat. Van Eetvelde war ein Freund König Leopolds II. und als Staatssekretär für die Belange der belgischen Kolonie Kongo zuständig. Statt die Konstruktionsteile des Baus zu verstecken, machte Horta die genieteten Elemente des Skelettbaus sichtbar. Die erste und zweite überstehende „Gesimsetage" ruhen auf eisernen Konsolen. Dekorativ verschlungene Linien umfließen die großen Fenster. Das achteckige Zwischengeschoss mit der grandiosen Bleiglaskuppel ermöglicht den Zugang zu den Räumen der Beletage. Marmor, gusseiserne Säulchen, eine flache Glaskuppel über dem Treppenaufgang, florale Mosaike und Innendekors aus Edelhölzern ergeben in diesem Repräsentativbau eine Jugendstil-Melange à la Horta.

Musée Horta – eine Bleibe für den belgischen Jugendstil-Architekten

Im ehemaligen Wohnhaus und Atelier des bekanntesten Jugendstil-Architekten Belgiens Victor Horta kann man seine Verliebtheit in rhythmische Harmonien entdecken: Die Buntglaskuppel, mehr transparente Dolde als architektonische Konstruktion, überspannt das Treppenhaus, das die halbe Breite des Hauses einnimmt. Die Wände sind in Ocker gehalten und von goldfarbenen Linien durchzogen, die entfernt abstrakten Blumenbündeln gleichen. Pastellgelbgrüne Fenster erinnern an die zarten Flügel von Schwebfliegen. Wie verschlungene Triebe eines Baumes winden sich die Handläufe der Treppe empor und über marmorne Stufen gelangt man von Etage zu Etage. Das Haus ist ein Meisterwerk der Art nouveau.

1898 hatte Horta zwei Grundstücke erworben, die er mit seinem Wohn- und Bürohaus bebauen wollte. Der Bürobau zeichnet sich durch eine gewisse „klösterliche Schlichtheit" aus. Auffallend ist das riesige industriell gefertigte Fenster des zweiten Obergeschosses. Durch die ausladende Fensterfront sollte ausreichend Licht auf die Zeichentische fallen, arbeiteten hier doch die Zeichner des Architekten. Die Fassadengestaltung des

Hôtel van Eetvelde

Hankar

Wohnhauses besticht durch Leichtigkeit. Der Balkon des Zwischengeschosses weist eine Rundung auf, die gleichsam ein Vordach über dem Eingang bildet. Die „Schwebfliegenbrüstung" des zweiten Balkons im obersten Geschoss ist der krönende Abschluss des Hauses.

Im Inneren trifft man auf eine raffinierte Raumgliederung, die durch den Einsatz von Flügel- und Schiebetüren ermöglicht wird. Ein kleiner Vorraum ist beispielsweise durch eine Doppeltür mit lichtdurchlässigem Opalglas vom Treppenhaus getrennt. In diesem Treppenhaus, das mit Carraramarmor ausgekleidet ist, befindet sich ein ornamental wirkender Heizkörper und ein Fenster in Form einer Muschel. Das Esszimmer wurde mit weißen glasierten Ziegeln verkleidet, die ursprünglich für die rückwärtige Hausfront gedacht waren. Diese Auskleidung harmoniert mit den warmen Tönen der Möbel aus amerikanischer Esche. Die Flachreliefs der Giebelfelder von Pierre Braecke stellen die Künste dar.

Die Möblierung des Hauses ist nur zum Teil original, so das dreisitzige Sofa aus Bergahorn im Salon der Beletage. Einige Möbelstücke stammen aus dem Kaufhaus Waucquez, das ebenfalls von Horta entworfen wurde, und aus dem Juweliergeschäft Wolfers, dessen Inneneinrichtung im Jubelparkmuseum zu sehen ist.

Kurz & kompakt

Tourismusinformation

Brüssel International Tourismus
& Kongress
Grand-Place
1000 Brüssel
Tel.: 02-513 89 40
E-Mail: info@brusselsinternational.be
www.brusselsinternational.be

Sehenswürdigkeiten

Hôtel van Eetvelde
avenue Palmerston 2-6
1040 Brüssel

Hôtel Tassel
rue Paul-Emile Jansons 6
1050 Brüssel

Hôtel Solvay
avenue Louise 224
1050 Brüssel

Hôtel Max Hallet
avenue Louise 346
1050 Brüssel

Museen

Cauchie-Haus
rue des Francs 5
1040 Brüssel (Etterbeck)
Tel.: 02-673 15 06
Der Maler und Innenarchitekt Paul Cauchie (1875–1952), der sich mit seinen Entwürfen für Sgraffiti einen Namen machte, entwarf sein Wohnhaus (1905) selbst. Es sollte ein Nest für ihn und seine Familie werden. Diese Idee ist unübersehbar an der Fassade verewigt: „Par nous, pour nous" – (Durch uns, für uns). Das Erdgeschoss mit dem Wohnbereich des Künstlerehepaars Paul und Lina Cauchie ist wie die Fassade mit farbigen Kratzbildern geschmückt.

Musée Horta
rue Américaine 25
1060 Brüssel
Tel.: 02-543 04 90
E-Mail: info@hortamuseum.be
www.hortamuseum.be

Jubelparkmuseum – Atelier Wolfers
Parc du Cinquantenaire 10
1000 Brüssel
Tel.: 02-741 72 11
www.kmkg-mrah.be
Das 1850 eröffnete Atelier für Gold- und Silberwaren mit der von Victor Horta entworfenen Inneneinrichtung ist heute im Jubelparkmuseum untergebracht.

Comic-Museum (Museé de la bande dessinée)
rue des Sables 20
1000 Brüssel
Tel.: 02-219 19 80
www.cbbd.be
1903 entwarf Victor Horta für den Textilgroßhändler Waucquez eine lichtdurchflutete Kaufhausgalerie. Eine gewagte Glaskuppel versorgt das Gebäude mit sanftem Tageslicht. Im Inneren entdeckt man floralen Zierrat in Orange und Gelb, eiserne Säulchen mit Blattkapitellen und eine monumentale Steintreppe, verziert mit einer „organisch fließenden" Balustrade aus

Eisen. Heute haben hier belgische Comic-Helden ihr Zuhause: Tim und Struppi, Lucky Luke, die Schlümpfe, Spirou und das gelbe, schwarzgetüpfelte Marsupilami.

Hôtel Hannon
avenue de la Jonction 1
1060 Brüssel
Tel.: 02-5 38 99 19

Tritt man ins Innere, so gelangt man in eine Rotunde mit Mosaikfußboden: graublaue Bandmuster und rotbraune, sich aufrollende Blätter auf weißem Hintergrund. Das Fresko in der Rotunde dehnt sich über mehrere Stockwerke entlang der geschwungenen Treppe aus: Ein Jüngling blickt sehnsüchtig in die Ferne. Und gen Himmel schweben engelsgleiche Frauengestalten, die Leiern in den Händen halten. In dieser Umgebung lebte Edouard Hannon (1853–1931), der als Ingenieur beim Sodahersteller Solvay arbeitete und ein begeisterter Amateurfotograf war. Das Herrenhaus, das Jules Brunfaut (1852–1942) entwarf, beherbergt heute das Haus der Fotografie.

UNTERKÜNFTE
Hotel Astoria*****
rue Royale 103
1000 Brüssel
Tel.: 02-227 05 05
E-Mail: H1154@accor-hotels.com
www.accor-hotels.com

Noga**
rue du Béguinage 38
1000 Brüssel
Tel.: 02-218 67 63
E-Mail: info@nogahotel.com
www.nogahotel.com

Hôtel de Jeunes Sleepwell
rue du Damier 23
1000 Brüssel
Tel.: 02-218 50 50
E-Mail: info@sleepwell.be
www.sleepwell.be

RESTAURANTS/CAFÉS
La Porteuse d'Eau
avenue Jean Volders 48a
1060 Brüssel (Saint-Gilles)
Tel.: 02-25 37 66 46
E-Mail: informations@laporteusedeau.be
www.laporteusedeau.be

Manufacture
rue Notre-Dame du Sommeil 3
1000 Brüssel
Tel.: 02-502 25 25
E-Mail: info@manufacture.be
www.manufacture.be

Le Perroquet
rue Watteau 31
1000 Brüssel
Tel.: 02-512 99 22

De Ultieme Hallucinatie
rue Royale 316
1210 Brüssel
Tel.: 02-217 06 14
www2.resto.be/ultiemehallucinatie/default.htm

Das 1904 von dem Architekten Paul Hamesse ausgestaltete Restaurant ist ein Prunkstück des Brüsseler Jugendstils. Hamesse entwarf die Räume, die Innenausstattung und das Mobiliar des Hauses – derartig geschlossene Jugendstilensembles sind nur noch selten in Brüssel zu finden.

Tournai (Doornik):
DIE LIEBFRAUENKATHEDRALE UND DER WOHL ÄLTESTE GLOCKENTURM BELGIENS

Tournai blickt auf eine über 2000-jährige Geschichte zurück und war im 5. Jahrhundert die erste Hauptstadt des Frankenkönigs Chlodwig. Im 16. Jahrhundert geriet Tournai wie auch das nahe gelegene Oudenaarde in den „Strudel" von Reformation und Gegenreformation. Die in der Stadt ansässigen Teppichweber bekannten sich zum Reformator Calvin. Doch spanische Truppen machten diesem Treiben alsbald ein Ende. Unter den zahlreichen Baudenkmälern der Stadt gehören der freistehende Glockenturm und die Liebfrauenkathedrale (Cathédrale Notre-Dame) seit einigen Jahren zum UNESCO-Welterbe.

EIN HAUS GOTTES
AUS BLAUGRAUEM STEIN

Der bedeutendste Sakralbau der Stadt – er ist in einem Atemzug mit den auch zum Welterbe zählenden Kathedralen von Chartres und Amiens zu nennen – ist die Liebfrauenkathedrale, westlich der Grand-Place und in der Nachbarschaft zum Glockenturm gelegen. Diese fünftürmige Kathedrale aus blaugrauem Kalkstein, zwischen dem 11. und 16. Jahrhundert erbaut, gilt als eine der schönsten romanisch-gotischen Kirchen Westeuropas. Zugleich ist sie mit einer Länge von 134 Metern eine der größten Kirchen Belgiens.

Das Mittelschiff gleicht in seinem vierzonigen Aufbau einem Aquädukt: Auf achteckigen, monolithischen Säulen ruht die Arkadengalerie in der zweiten, darüber das Triforium in der dritten Zone. Die Obergadenfenster werden von einem Kreuzgratgewölbe überspannt. Besonders

Der älteste Glockenturm Belgiens und die Liebfrauenkirche

Meisterliche Steinmetzarbeit an einem Kapitel im Inneren der Liebfrauenkathedrale

hinzuweisen ist auf die besondere Gestaltung eines Säulenkapitelle: Man sieht in der Nähe zum Südportal einen fallenden Mann. Möglicherweise ist diese Figur aus einer „eindeutigen Pose" in die jetzige Lage gebracht worden. Dreht man die Figur nämlich um, dann könnte es sich um einen Mann mit nacktem Gesäß handeln, der seine Notdurft verrichtet.

Reich mit Steinmetzarbeiten versehen ist das Nordportal des Querschiffs. An diesem, der so genannten Mantiliuspforte, findet man vielfältige figürliche Darstellungen wie etwa die eines Geizhalses mit einem Geldsack, der von einem Teufel gepackt wird. Aus der Zeit der Renaissance stammt der triumphbogenförmige Lettner (1572). Er ruht auf roten Marmorsäulen und ist mit biblischen Szenen aus dem

Kircheninnere der Liebfrauenkathedrale

Alten (Medaillons) und dem Neuen Testament (Vierecke) dekoriert. Die jeweiligen Szenen der unteren und oberen Reihe entsprechen einander. Ein Beispiel: So wie Abraham Gott seinen Sohn opferte, so opferte Gott seinen Sohn der Menschheit. Entsprechend sieht man in den runden Medaillons aus Alabaster rechter Hand Isaak mit einem Holzbündel und Abraham sowie darüber Christus auf dem Weg nach Golgatha. Die Statuen von St. Piatus und St. Eleutherius (456–531), des ersten Bischofs von Tournai während der Zeit Chlodwigs, gehören ebenfalls zum Schmuckwerk des Lettners. Hinter diesem öffnet sich der gotische Hochchor mit seinen ungewöhnlichen Ausmaßen.

Der Glockenturm von Tournai

Am Rand der dreieckigen Grand-Place ragt der heute 72 Meter hohe Glockenturm in den Himmel. Auf den vier Ecktürmchen des Bauwerks entdeckt man vier Skulpturen, die einen Bogenschützen, einen Armbrustschützen, einen Schwertkämpfer und einen Kanonier darstellen. Dieser viereckige Turm, der wohl älteste Belgiens und seit 1999 Teil des UNESCO-Welterbes, wurde während der Regentschaft von König Philipp-August von Frankreich im 12. Jahrhundert erbaut. Die fürstliche Fürsprache für den Bau war ungewöhnlich, denn das „Recht der Glocke" stand eigentlich nur der Kirche und dem Adel zu. Da sich der französische König aber die Unterstützung der Bürger von Tournai in seinem Kampf gegen den Grafen von Flandern sichern wollte, befürwortete er schließlich 1188 den Bau, der die „Freiheit der Stadtluft" symbolisiert.

Anfänglich besaß der Turm, dessen genaues Datum der Bauvollendung nicht bekannt ist, nur eine Höhe von 30 Metern. Da er in der Nähe der Kathedrale stand, sollte niemand – so wollte es der Zeitgeist des 12. und 13. Jahrhunderts – von oben auf den Sakralbau herabblicken und sich somit über die Kirche „erheben". Infolge eines Stadtbrandes 1391, bei dem auch der Glockenturm beschädigt wurde, musste der Turm wieder aufgebaut werden. Neben

Blick auf den 72 Meter hohen Glockenturm

der Aufgabe als Wachturm erfüllte er in der Folgezeit auch die Funktion eines städtischen Gefängnisses.

Erst 1535 erhielt der Turm auf Beschluss des Rates der Stadt sein Glockenspiel. Nach mehrjähriger Restaurierung, die bis 2002 andauerte, kann der Turm nun wieder über 257 Stufen erklommen werden. In den Ausstellungsräumen kann man sich ein Bild über die Geschichte und die Aufgabe des Glockenturms und des Glockenspiels verschaffen.

Kurz & kompakt

TOURISMUSINFORMATION
Office du Tourisme de Tournai
Vieux Marché aux Poteries 14
7500 Tournai
Tel.: 069-22 20 45
E-Mail: tourisme@tournai.be
www.tournai.be

UNTERKÜNFTE
Hotel Cathédrale***
place Saint-Pierre 2
7500 Tournai
Tel.: 069-21 50 77
E-Mail: reservation@hotelcathedrale.be
www.hotelcathedrale.be

Jugendherberge (Auberge de Jeunesse)
rue Saint-Martin 64
7500 Tournai
Tel.: 069-21 61 36
E-Mail: tournai@laj.be

Camping de l'Orient****
Vieux Chemin de Mons B
7500 Tournai
Tel.: 069-22 26 35

RESTAURANTS/CAFÉS
Brasserie le Beffroi
Grand-Place 15
7500 Tournai
Tel.: 069-84 83 41

Les 4 Saisons
Grand-Place 68
7500 Tournai
Tel.: 069-21 51 10

Mons (Bergen):
WELTKULTUR IN DER „STADT AUF DEM HÜGEL"

Mons blickt auf eine fast tausendjährige Geschichte zurück, in deren Verlauf die Stadt auch Hauptstadt der Grafschaft Hennegau und Zentrum des Kohlereviers Borinage war. Ein berühmter Sohn der Stadt ist Orlando di Lasso, einer der bedeutendsten Komponisten des 16. Jahrhunderts. Für kurze Zeit lebte der expressionistische niederländische Maler Vincent van Gogh in Mons, als er dort als Hilfsprediger tätig war. Bekannt gemacht hat die Stadt die Leibreliquie der heiligen Waltrudis, die von kinderlosen Frauen in der Stiftskirche St. Waltrudis (Sainte-Waudru) verehrt wurde. Einmal im Jahr wird diese Reliquie auf einem prächtigen goldenen Prozessionswagen durch die Straßen der Stadt bewegt. Innerhalb der Stadtmauern unweit der einstigen Grafenburg hat sich auch ein Kulturgut der besonderen Art erhalten: der Glockenturm.

DER HIMMELSSTÜRMER VON MONS

Erbaut wurde dieses Symbol des Bürgerstolzes nach dem Einsturz des Uhrturms 1661. Der Glockenturm ist der einzige seiner Art im Stil des Barock in Belgien und ragt 87 Meter in die Höhe. Der Ende des 14. Jahrhunderts erbaute Uhrturm war bis zu seinem Einsturz Teil der gräflichen Burganlage oberhalb der Stadt. Zwischen 1661 und 1672 entstand an seiner Stelle der Glockenturm, der wegen seiner Nähe zur fürstlichen Residenz alsbald den Beinamen „Tour du Château" erhielt. Erbaut wurde der barocke Glockenturm aus Sandstein und graubläulicher Kalkstein. Das Turminnere ist mit Ziegeln verkleidet. Eine enge Wendeltreppe führt zur Glockenstube hinauf. Die zwiebelförmige Dachhaube ist für die Architektur des 17. und 18. Jahrhunderts nicht untypisch. Als der bekannte Schriftsteller Victor Hugo aus politischen Gründen seine französische Heimat verließ, besuchte er am 16. August 1837 Mons. In zwei Briefen an seine Gattin Adèle beschrieb er zum einen die Stiftskirche der heiligen Waltrudis, zum anderen den Glockenturm, den er als „une cafetière flanquée de quatre théières" – „als eine Kaffeekanne flankiert von vier Teekännchen" – bezeichnete.

Der Belfried

Spiennes/Mons:
ERINNERUNG AN DIE STEINZEIT

Unweit von Mons befinden sich bei Spiennes jungsteinzeitliche Feuersteinminen, die von der UNESCO vor einigen Jahren zum Welterbe erklärt wurden. Jahrzehnte zuvor hatte die Belgische Post diesem Zeugnis aus der Vor- und Frühgeschichte bereits eine Briefmarke gewidmet. Die ausgebeuteten Feuersteinlagerstätten bei Mons sind die größten bisher in Europa bekannten Lagerstätten, die sich über eine Fläche von 100 Hektar ausdehnen.

Feuerstein, auch Flint genannt, ist ein hartes kieseliges Gestein, das blauschwarz, aber auch grau und bräunlich gefärbt ist. Abgebaut wurde es bei Spiennes in unterirdischen Stollen auf einer Tiefe bis zu zehn Metern. In der Steinzeit bestanden Teile der Geräte und Waffen aus Feuerstein, der in der Jungsteinzeit (um 5000 v. Chr. bis 1800 v. Chr.) zu einer wichtigen Handelsware wurde. In Spiennes fand die erste Ausbeutung um 3400 v. Chr. statt. Mittels Geweihpickeln und Knochenschaufeln wurden Strecken und bis zu zwölf Meter tiefe Schächte angelegt, um an das damals begehrte Gestein zu gelangen. Knochenfunde belegen, dass die Sicherheit unter Tage nicht immer gegeben war. Nachdem man in der zweiten Hälfte des 19. Jahrhunderts bei Spiennes eine Axthälfte aus Feuerstein entdeckt hatte, dauerte es jedoch noch bis 1911, ehe mit eingehenden archäologischen Untersuchungen begonnen wurde.

Kurz & kompakt

Tourismusinformationen
Maison du Tourisme de la Région de Mons
Grand-Place 22
7000 Mons
Tel.: 065-33 55 80
E-Mail: ot3@ville.mons.be
www.mons.be

Feuersteinlagerstätten Spiennes
Camp-à-Cayaux / Petit Spiennes
7032 Spiennes
Tel.: 065-35 34 78
Auskunft erteilt: Société de Recherche Préhistorique en Hainaut ASBL
Tel.: 069-35 34 78 und 069-33 75 66

Unterkünfte
Infotel***
rue d'Havré 32
7000 Mons
Tel.: 065-40 18 30

Jugendherberge (Auberge de Jeunesse du Beffroi)
Rampe du Château 2
7000 Mons
Tel.: 0 65-87 55 70
E-Mail: mons@laj.be
www.laj.be

Restaurant/Café
Restaurant Marchal
Rampe Sainte Waudru 4
7000 Mons
Tel.: 065-31 24 02
E-Mail: contact@marchal.be
www.marchal.be

La Louvière:
DIE VIER SCHIFFSHEBEWERKE DES CANAL DU CENTRE

Wer sich in die Region nahe La Louvière begibt, stößt auf ein Relikt der „modernen Eisenzeit", das seit 1992 unter Denkmalschutz steht. Zwischen Houdeng-Goegnies und Thieu waren einst vier Schiffshebewerke unabdingbar, um die Schifffahrt zwischen Sambre und Schelde zu gewährleisten.

Zur Entstehungszeit der Schiffhebewerke hatte man Eisen als neuen Werkstoff für avantgardistisches Bauen entdeckt. Nicht nur im Süden Belgiens, sondern auch an anderen Orten finden sich entsprechende Beispiele: Als 1851 die erste Weltausstellung in London stattfand, entstand als ihr Wahrzeichen der Crystal Palace. Er bestand aus vorgefertigten, standardisierten Bauteilen aus Glas und Gusseisen. Viel bekannter ist jedoch der 1889 erbaute Eiffelturm in Paris.

Im Kontext dieses „neuen Bauens" mit Eisen und der Industrialisierung ist auch die Errichtung der durch Wasserkraft betriebenen Schiffshebewerke des Canal

Canal du Centre: Schiffshebewerk 2

du Centre zu sehen. Er entstand zwischen 1888 und 1916 in einer Region, die in den Jahren zuvor dank Kohle und Roheisen einen wirtschaftlichen Aufschwung genommen hatte. Diese Zeit ist längst Teil der Geschichtsbücher; Kohle und Roheisen haben abgewirtschaftet. Und auch die vier Schiffshebewerke sind heute keine Lebensnotwendigkeit mehr, seit 1982 das neue Hebewerk von Strépy-Thieu in Betrieb genommen wurde, das die Fahrzeit gegenüber den alten Hebewerken halbiert hat.

Der Canal du Centre, wird heute für touristische Bootstouren, aber auch mit geringem Aufkommen für den Güterverkehr mit Binnenschiffen bis zu 300 Tonnen genutzt. Die Treidelpfade links und rechts des Kanals erfreuen sich als Wander- und Radwanderwege besonderer Beliebtheit.

Nichts ist mehr vom Stöhnen jener zu hören, die jahrelang mit ihrer bloßen Muskelkraft die Schiffe über das Wasser zogen, ehe kräftige Kaltblüter die schwere Last schleppten.

Was geblieben ist, ist eine Meisterleistung der Ingenieurkunst – eine Leistung, die ohne Hector Genard niemals möglich gewesen wäre. Anstatt den Höhenunterschied zwischen Mons und Houdeng-Goegnies durch 30 Schleusen zu überwinden, entschied sich der Direktor für Wasserstraßen Genard für den Bau von vier hydraulischen „Schiffsfahrstühlen". Wenn sie auch nicht die ältesten in Europa sind, so sind diese Hebewerke doch einmalig: Die Hebewerke Houdeng-Goegnies, Houdeng-Aimeries, Strépy-Bracquegnies und Thieu arbeiteten jahrzehntelang ohne Defekt mit Gewicht und Gegengewicht, um die Schiffe auf einer Länge von insgesamt sieben Kilometern über einen Gesamthöhenunterschied von ungefähr 66 Meter zu transportieren. Und man kann sich beim Anblick der „eisernen Riesen" nur den Worten des ehemaligen Kommunalbeamten von Houdeng-Goegnies Victor

Delattre anschließen: „Man ist voller Begeisterung angesichts dieser genialen Ideen, mit absoluter Genauigkeit und ohne Einsatz von Dampfmaschine und Elektrizität unter Anwendung elementarer Grundsätze der Physik diese gigantische Maschinerie zu schaffen."

Kurz & kompakt

Tourismusinformation
Maison du Tourisme
rue du Bouvy 11
7100 La Louvière
Tel.: 064-26 15 00
E-Mail: maisondutourisme@lalouviere.be
und infohainout@opt.be
www.lalouviere.be

Bootstouren auf dem Canal du Centre
Cantine des Italiens
rue Tout-y-Faut 90
7110 Houdeng-Goegnies
Tel.: 064-84 78 31
E-Mail: stchc@skynet.be
www.hainaut.be und www.visithainout.be

Unterkunft
Akena**
rue de l'Yser 260e
7110 Houdeng-Goegnies
Tel.: 064-66 44 44
E-Mail: akena@skynet.be
www.akena.be

Dendermonde (Termonde):
NICHT NUR HAIMONISKINDER UND KARNEVAL

Die Legende vom Ros Beiaard (Ross Bayard) und von den vier Haimoniskindern, der jährliche Karneval und der sommerliche Umzug der Riesen haben die ostflämische Stadt über die eigenen Grenzen hinaus bekannt gemacht. Gleich zwei Stätten der Weltkultur, das Rathaus mit Glockenturm und der Beginenhof, gehören zu den herausragenden Sehenswürdigkeiten der Stadt an der Dender. Unweit des im expressionistischen Stil erbauten Justizpalastes steht die Tuchhalle, die von 1336 bis 1350 im flämischen Renaissancestil entstand, heute jedoch längst nicht mehr dem Handel mit edlen Tuchen dient, sondern als Rathaus fungiert. Vom 40 Meter hohen Glockenturm (1377/78) erklingt wie in anderen flandrischen Städten auch ein Glockenspiel (Beiaard) mit 49 Glocken.

RATHAUS MIT BEWEGTER GESCHICHTE

Die Tuchhalle, das heutige Rathaus am Grote Markt, ersetzte einen Bau aus dem 13. Jahrhundert. Beim Neubau der Tuchhalle sorgte man auch für einen Stadt- und Glockenturm, der unter anderem zur Aufbewahrung der Stadtsiegel und städtischen Urkunden diente. Außerdem erweiterte man die ursprüngliche Tuchhalle um einen neuen Flügel. Im ersten Obergeschoss des Gebäudes richtete man eine Schöffenkammer nebst Kapelle ein.

Eine Luftaufnahme, die eine Gesamtübersicht des Beginenhofes zeigt.

Je nach Zeitgeist erfolgten weitere Umbauten und bauliche Veränderungen, so auch zwischen 1864 und 1896. Den deutschen Angriff am 17. September 1914 überstanden nur die Außenmauern des Rathauses. Die Spitze des Stadtturms und die 40 Glocken stürzten auf den Grote Markt. Der Wiederaufbau des Ensembles erfolgte zwischen 1920 und 1924. Heute flattern während der Sommermonate elf farbenprächtige Banner am Rathaus. Sie erinnern an einflussreiche Herren, die zwischen dem 13. bis 16. Jahrhundert Dendermondes Geschicke lenkten.

Der Glockenturm besitzt erst seit dem 16. Jahrhundert ein Glockenspiel, zuvor gab es lediglich zwei Glocken, deren

Beginenhof

Schlagen den Arbeitstag regelte. Aufgrund der Kriegsschäden während des Ersten Weltkriegs gingen alle ursprünglichen Glocken verloren, auch diejenigen, die zwischen 1732 und 1825 von der bekannten Löwener Glockengießerfamilie Van den Gheyn gegossen wurden. 1925 erhielt der wieder aufgebaute Glockenturm daher ein neues Glockenspiel, dessen Glocken 1975 teilweise ausgetauscht werden mussten.

Die Oase eines mittelalterlichen Frauenbundes

Eine Oase der Ruhe im Alltagstreiben ist der Sint-Alexius-Beginenhof mit seinen rund um einen Hof gruppierten 61, teilweise weiß geschlämmten Wohnhäusern aus dem 17. Jahrhundert. Die ursprünglich von Wasser umgebene Hofanlage mit dem Eingang an der Brusselsestraat 36 bis 38 weist einen dreieckigen Grundriss auf. Der Ursprung des Beginenhofs geht auf das Jahr 1288 zurück, nachdem sich zwischen 1260 und 1272 ein kleiner religiös motivierter Frauenbund gegründet hatte. Der damalige Herr von Dendermonde und Graf von Flandern, Robrecht van Bethune, gestattete den frommen Damen den Bau einer Kapelle und die Anlage eines eingefriedeten Kirchhofs. Am Ende des 15. Jahrhunderts war die Gemeinschaft der Frauen, von denen einige durchaus vermögend waren, auf 369 angewachsen.

Nach den Wirren des Bildersturms – damals wurden die Kirche und die

Beginenhäuschen von Protestanten geplündert – begann man nach 1584 damit, Kirche und Häuser des Beginenhofs instand zu setzen. Das Jahr 1797 war für die Dendermonder Beginen ein Schicksalsjahr, da ihre Gemeinschaft durch die französische Obrigkeit aufgelöst wurde. Hab und Gut der Beginen gelangten in die Hände der Kommission der städtischen Armenhäuser. Erst nach dem Verkauf des Anwesens an den Genter Frédéric Charles van der Brugghen-de Naeyer war es Beginen nach 1866 wieder gestattet, in den Beginenhof zurückzukehren. Die heutige neogotische Kirche der Hofanlage ersetzt das 1914 zerstörte Gotteshaus und wurde 1927/28 erbaut.

Die meisten Häuschen sind zwar zwischen 1604 und 1660 gebaut worden, wurden jedoch im 19. Jahrhundert weitgehend umgebaut. Unterdessen leben Dendermonder Bürger in der idyllischen Hofanlage, sieht man von zwei Häuschen ab, in denen das Beginenhofmuseum untergebracht ist: Es handelt sich um das Haus „Hl. Begga" mit der Hausnummer 25 und das Haus „Hl. Bonifatius" mit der Hausnummer 11. Bei deren Besuch kann man sich ein vollständiges Bild vom Alltag einer Begine machen. Zum einen besucht man das Haus der Vorsteherin der Beginen, das ursprünglich aus dem 16. Jahrhundert stammt, zum anderen das Haus einer einfachen Begine aus dem 19. Jahrhundert.

Kurz & kompakt

TOURISMUSINFORMATION
Dienst Toerisme Dendermonde
Stadhuis
Grote Markt
9200 Dendermonde
Tel.: 052-21 39 56
E-Mail: toerisme@dendermonde.be
www.dendermonde.be

SEHENSWÜRDIGKEIT
Rathaus (Stadhuis)
Grote Markt
9200 Dendermonde
Tel.: 052-21 39 56

MUSEEN
Beginenhofmuseum
Begijnhof 11 en 25
9200 Dendermonde
Tel.: 052-21 30 18

UNTERKUNFT
City Hotel
Oude Vest 121
9200 Dendermonde
Tel.: 052-20 35 40

RESTAURANT/CAFÉ
Taverne Tijl
Grote Markt 34
9200 Dendermonde
Tel.: 052-21 78 91

Aalst (Alost):
EINMAL IM JAHR TANZEN DIE NARREN UMS SCHÖFFENHAUS

Wie wohl keine andere flämische Stadt ist Aalst für seinen ausgelassenen Karneval bekannt, in dem ebenso wie in Binche die „Gilles" auflaufen, zu erkennen an den rotgelben Kostümen und den buschigen Straußenfedern auf dem Kopf. Doch im Gegensatz zum Karneval von Binche, der von der UNESCO als Teil des immateriellen Welterbes anerkannt wurde, bleibt der Aalster Karneval mit dem legendären Zwiebelwurf und dem Besentanz regionale Folklore. Dennoch kann auch die Stadt vor den Toren Brüssels dank des alten Schöffenhauses mit einem „Schatz der Menschheit" aufwarten.

Das zwischen 1225 und 1487 am Marktplatz erbaute Alte Schöffenhaus (Oud Schepenhuis), in dem ursprünglich sieben Ratsherren residierten und über die Geschicke von Aalst bestimmten, gilt als das älteste seiner Art in den „niederen Landen". Für den schmucken gotischen Bau wurde Sandstein verwendet. Wenn auch die Giebelfront gotsche Stilelemente aufweist, so zeigen sich in den Gewölben des Untergeschosses noch spätromanische Einflüsse.

Bei einem Überfall der Genter unter Ludwig von Male (1346-1384) wurde Aalst verwüstet und das Schöffenhaus gebrandschatzt. Allein der Ostgiebel des

Rathaus mit Stadtturm

Baus blieb unversehrt, sodass man 1407 die Westfront wieder aufbauen musste. Noch einmal sollte in der Geschichte der Stadt eine Feuersbrunst über das Wohl und Wehe des alten Schöffenhauses entscheiden: Ausgelöst durch ein Feuerwerk, das man aus Anlass der Kirmes entzündet hatte, brannte am 7. Juli 1879 ein Teil des

Rathaus mit Stadtturm (Detail)

alten Schöffenhauses ab. Der neogotische Wiederaufbau des Bauwerks dauerte bis 1886.

Teil des alten Schöffenhauses ist der zierlich wirkende, viereckige Stadtturm mit achteckiger Glockenkammer. Erbaut wurde er 1460; ein Jahr später erhielt er ein erstes Glockenspiel. Die Erneuerung dieses Glockenspiels erfolgte 1714, ehe nach dem Brand von 1879 neue Glocken gegossen werden mussten und dabei das Glockenspiel um 14 auf insgesamt 52 Glocken erweitert wurde.

Kurz & kompakt

Tourismusinformation

DvT Aalst
Belfort
Grote Markt 3
9300 Aalst
Tel.: 053-73 22 70
E-Mail: toerisme@aalst.be und
aalst@toerismevlaanderen.be
www.aalst.be

Unterkunft

Station Hotel***
Albert Liénartstraat 14
9300 Aalst
Tel.: 0 53-77 58 20
E-Mail: bart.quintijn@proximedia.be
www.stationhotel-aalst.com

Restaurants/Cafés

Erembald
Brusselbaan 280
9300 Aalst
Tel.: 0 53-77 42 41

De Kastelein
Kapellebaan 3
9300 Aalst
Tel.: 0 53-77 88 14

Gent (Gand):
TUCHHANDEL, GLOCKENSPIEL UND FRAUENBÜNDE

In der Vergangenheit waren die Bürger der heute zweitgrößten belgischen Hafenstadt am Zusammenfluss der beiden Flüsse Leie und Schelde aufmüpfig. Unter Jacob van Artevelde (1295-1345), dessen Standbild den Vrijdagmarkt überblickt, gelang es den Zünften zeitweilig, den Einfluss des flandrischen Adels zurückzudrängen. Gent ist die Geburtsstadt Kaiser Karls V. (1500–1558), der als der erste Kaiser der Neuzeit in die Geschichte einging. Im 18. und 19. Jahrhundert entwickelten sich an der Leie die Tuchindustrie und infolgedessen eine starke Arbeiterbewegung, deren Geschichte bis heute in der Stadt bewahrt wird.

GLOCKENTURM, TUCHHALLE UND GEFÄNGNIS

Ausdruck des freien Bürgergeistes und des Einflusses der Zünfte ist der von 1313 bis 1380 errichtete, mit einem mächtigem Unterbau ausgestattete Turm, in dem ein Glockenspiel des berühmten Löwener Glockengießers Pieter Hemony hängt. Das von 1660 stammende Glockenspiel umfasst 37 Glocken. Eine der Glocken, die 1914 beschädigte „Grote Triomfante", befindet sich heute auf dem Emile-Braunplein zu Füßen des Turmes. Die schwerste Glocke des Glockenspiels ist die „Roeland 2" mit einem Gewicht von sechs Tonnen.

Stadtturm und St.-Baafs-Kathedrale

Die an den Stadtturm angefügte, gotisch gehaltene Tuchhalle (1425–1441) und der Mammelokker, 1741 im Louis-quinze-Stil entstanden, sind als Ensemble der Genter Altstadt nicht zu übersehen. Im Volksmund wird der Stadtturm der „Hartnäckige Genter" genannt. 1913 erhielt das Gebäude den noch heute sichtbaren Spitzhelm.

Hinter den Mauern des Mammelokker saß so mancher Strauchdieb und Halunke seine gerechte Strafe ab, ehe das Gebäude

Sint-Elisabethbegijnhof von Sint-Amandsberg. Die neogotische Kirche von 1873-75, entworfen von J. Bethune.

1902 seine Funktion als Stadtgefängnis verlor. Wer sich das Relief im Giebelfeld des Mammelokker genau anschaut, wird die Legende von Cimon und seiner Tochter entdecken: Cimon, zum Hungertod verurteilt, überstand – Wunder, oh Wunder – die Haft, weil ihn seine Tochter, die ihn täglich besuchen durfte, stillte. Daher leitet sich auch der Name für das Gebäude ab: Mammelokker bezeichnet im Genter Dialekt jemand, der an der Mutterbrust saugt.

Die Beginenbewegung hatte in Gent eine sehr große Bedeutung, was das Vorhandensein von gleich drei Beginenhöfen unterstreicht. Neben dem Großen Beginenhof Sint-Amandsberg, dem jüngsten Beginenhof der Stadt, lebten die Beginen im nicht zum UNESCO-Welterbe zählenden Alten Beginenhof Sint-Elisabeth und im Kleinen Beginenhof.

Der Kleine Beginenhof

Durch das an der Lange Violettestraat gelegene Tor betritt man einen Beginenhof des Hoftyps, der 1234 von Johanna von Konstantinopel und ihren Schwestern gegründet wurde. Zum Hofcharakter der Anlage passen die 90 Häuschen, die um eine von einem niedrigen eisernen Zaun umfangene Grasfläche stehen. Die meisten der von weißen Mauern geschützten Wohnhäuser stammen aus dem 17. und 18. Jahrhundert.

Die Kirche des Hofes, Onze-Lieve-Vrouw ter Hoyen, wurde 1658-1720 im Stil der Renaissance und des frühen Barock erbaut: Barock ist der Schirmgiebel, der Renaissance verhaftet sind Segmentbogenfenster und Flachpfeiler. In einer Nische über dem Kircheneingang steht eine Madonna mit

Eingangsportal des Kleinen Beginenhofs

Kind und am Chor erhebt sich ein geradezu riesiger Glockenturm. Hinter der Kirche stößt der Besucher auf die spätbarocke Hospitalkapelle, die der heiligen Godelième geweiht ist. Eine frühklassizistische Formensprache in Back- und Sandstein bestimmt das Aussehen des Hauses der Vorsteherin, das 1738 das heutige Aussehen erhielt.

GROSSER BEGINENHOF SINT-AMANDSBERG

Dieser Beginenhof – zwischen Jan Roomsstraat und Engelbert Van Arenbergstraat gelegen – entstand, als 1858 im Rahmen der Stadterweiterung der Sint-Elisabethbegijnhof mehr und mehr seinen Charakter als Ort der Abgeschiedenheit und Ruhe verloren hatte und die dort lebenden frommen Frauen eine neue Bleibe suchten. Dank der Großzügigkeit des Herzogs Engelbert von Arenberg konnte 1873 mit dem Bau eines neuen Beginenhofs – eine Mischung aus Hof- und Straßenbeginenhof – begonnen werden. Entworfen wurde der schon im darauf folgenden Jahr bezogene Hof von Arthur Verhaegen, der eine ummauerte mittelalterliche Wohnanlage konzipierte. Dabei stand die Backsteinarchitektur des 15. Jahrhunderts Pate. Rund um drei Plätze und längs von acht Straßen entstanden aus lilabraunem Backstein 80 Häuser, 14 Konvente, das Haus der Vorsteherin, die Krankenanstalt und die St.-Antonius-Kapelle. Schließlich wurde nach Entwürfen von Jean-Baptiste Béthune zwischen Sint-Beggaplein und Sint-Elisabethplein eine Kirche (1873–1875)

Der Beginenhof „Onze-Lieve-Vrouw ter Hoye" in Gent.

gebaut. Mit Ausnahme des Hauses der Vorsteherin haben in dem seit 1994 denkmalgeschützten „neogotischen Dorf" alle Beginenhäuser und Konvente einen Vorgarten, der von einer Mauer umgeben ist. Gegenüber anderen Beginenhöfen, die ausschließlich Frauen vorbehalten waren, hatte sich der Beginenhofstifter mit dem Haus „Der heilige Geist" (Sint-Elisabethplein 74) eine eigene Bleibe für gelegentliche Besuche bauen lassen.

Kurz & kompakt

TOURISMUSINFORMATION
Dienst Toerisme Gent
Krypta des Belfrieds
Botermarkt 17a
9000 Gent
Tel.: 09-266 52-32/-33/-34
E-Mail: toerisme@gent.be
www.visitgent.be

SEHENSWÜRDIGKEITEN
Belfried
Emile Braunplein
Tel.: 09-233 07 72

UNTERKÜNFTE
Gravensteen*
Jan Breydelstraat 35
9000 Gent
Tel.: 09-225 11 50
E-Mail: hotel@gravensteen.be
www.gravensteen.be

Erasmus*
Poel 25
9000 Gent
Tel.: 09-224 21 95
E-Mail: hotel.erasmus@proximedia.be
www.proximedia.com/web/hotel-erasmus.html

B&B Lydie Bruynings-Vermeulen
Groot Begijnhof 91
9040 Sint-Amandsberg
Tel.: 0495-15 47 42 und 09-229 29 17
E-Mail: bedandbreakfastgent@busmail.net

Kleiner Beginenhof

Jugendherberge De Draecke
Sint-Widostraat 11
9000 Gent
Tel.: 09-233 70 50
E-Mail: gent@vjh.be
www.vjh.be

RESTAURANTS/CAFÉS
't Galgenhuisje
Groentenmarkt 5
9000 Gent
Tel.: 09-233 42 51

De Grill
Korenlei 33
9000 Gent
Tel.: 09-225 09 74

De Dulle Griet
Vrijdagmarkt 50
9000 Gent
Tel.: 09-224 24 55

Eeklo:
EIN GLOCKENTURM DER MODERNE

Stadtrechte wurden Eeklo 1240 durch die Gräfin Johanna von Konstantinopel verliehen. Wie andere flämische Städte auch verdankte die Stadt der Tuchweberei den wirtschaftlichen Aufschwung, der jedoch während der Religionskriege des 16. Jahrhunderts ein jähes Ende nahm. Ebenfalls aus den Wirren jener Zeit erklärt sich, dass Eeklo sehr wenige mittelalterliche Baudenkmäler besitzt. Besucher von nah und fern, die Genever schätzen, besuchen aber nicht nur die limburgische Geneverstadt Hasselt, sondern auch das ostflandrische Eeklo mit seinem Genevermuseum. Ebenso wichtig ist jedoch das Welterbe der Stadt, das Rathaus mit Glockenturm.

Das Schöffen- oder Rathaus wurde erstmals im 13. Jahrhundert urkundlich erwähnt. Doch dieser Bau wurde im 16. Jahrhundert Opfer der Flammen und durch ein Bauwerk im flämischen Renaissancestil ersetzt. Im 19. Jahrhundert fügte man nicht nur den neoklassizistischen Dreiecksgiebel, sondern auch ein großes Uhrwerk hinzu. Zwischen 1930 und 1932 baute man das Rathaus aus und ergänzte den Bau mit einem modernen Stadtturm, der auch das Gedenken an die Opfer des Ersten Weltkriegs wach halten soll. Als die UNESCO im Jahr 2000 flämische und wallonische Glocken- und Stadttürme als Symbole der Macht der mittelalterlichen Städte zum Welterbe erklärte, ist der Kulturorganisation der Vereinten Nationen bei der Auswahl der Stadttürme wohl entgangen, dass der hiesige, nun zum Welterbe erklärte Stadtturm nicht im Mittelalter erbaut wurde. An die Tradition der Glockentürme Flanderns knüpft der 35 Meter hohe Bau insoweit an, als sich in der Glockenkammer der bekrönten Laterne das Stadtglockenspiel befindet.

Kurz & kompakt

TOURISMUSINFORMATION
VVV Eeklo
Provinciaal Domein Het Leen
Gentsesteenweg 80
9000 Eeklo
Tel.: 09-378 12 22
E-Mail: eeklo@toerismevlaanderen.be
www.eeklo.be

UNTERKUNFT
Hotel Shamon***
Gentsesteenweg 28
9000 Eeklo
Tel.: 09-378 09 50
E-Mail: hotelshamon@pi.be
www.hotelshamon.be

Tielt:
TUCHHALLE, SCHÖFFENKAMMER UND HALLENTURM

Dieses Städtchen mit gallo-römischen Wurzeln besitzt seit der Mitte des 13. Jahrhunderts Marktrechte. Der Bau einer Tuchhalle für den Tuchhandel und die Tuchwirkerei führten im 13. und 14. Jahrhundert zu einer ersten Blütezeit. Schweren Schaden nahm die Stadt aufgrund des Brandes von 1645, als die Kirche und 60 Häuser vernichtet wurden. Auch der Erste und der Zweite Weltkrieg hinterließen Spuren. Nur kurz gilt unsere Aufmerksamkeit dem neoklassizistischen Rathaus und der ehemaligen Herberge für arme Reisende und Pilger, die zwischen 1260 und 1275 gebaut wurde und zeitweilig als Rathaus diente. Dann wenden wir uns dem eigentlichen Grund unseres Besuches zu, dem Welterbe „Hallentoren". Dieser ursprünglich 1275 vollendete Turm symbolisiert den Status von Tielt als freie Stadt und ist Teil der ehemaligen Tuchhalle und Schöffenkammer. Die heutige Turmarchitektur im Stil der Renaissance ist der Zeit zwischen 1558–1560 zu verdanken. Nur aufgrund des heftigen Protestes wurde der Turm nicht abgebrochen, als man 1874 das neue Rathaus baute. Zwischen 1890 und 1892 wurde der Turm mit den Wappen der einflussreichsten Tielter Familien der Feudalgeschichte verziert. Der zierlich wirkende Turm beherbergt seit 1773 ein in Brügge gegossenes Glockenspiel mit 36 Glocken.

Kurz & kompakt

TOURISMUSINFORMATION
Toerisme Tielt
Stadhuis
Tramstraat 2
8700 Tielt
Tel.: 051-42 60 60
E-Mail: info@tielt.be
www.tielt.be

SEHENSWÜRDIGKEIT
Hallentoren
Markt
8700 Tielt

UNTERKUNFT
El Parador***
Ruiseleedsteenweg 11
8700 Tielt
Tel.: 051-40 12 50
www.nrv.be/parador

Roeselare (Roulers):
WELTERBE IN DER „RADLERSTADT"

Nein, hier sind nicht die heutigen Stars des Radrennsports Zuhause, aber mit dem in einer ehemaligen Feuerwehrwache untergebrachten Nationalen Fahrradmuseum (Nationaal Wielermuseum) gibt es ein „museales Mekka des Radrennsports", der in Belgien nicht nur mit dem Namen Eddy Merckx verbunden ist. Zu sehen sind im Museum die Laufräder, die 1760 von Michael Kassler angefertigt wurden, ebenso wie die Entwicklung moderner Räder seit 1885. Und auch an die Rennsportstars der Vergangenheit erinnert das Museum, so an Odiel Defraeye, der 1912 als erster Belgier die Tour de France gewann. Man hätte den Radsport zum immateriellen Welterbe erklären können, bis jetzt sind es jedoch die Stadthalle, der Stadtturm und das Rathaus, die dieses Prädikat erworben haben.

Bis 1704 existierten am Marktplatz die Stadthalle und der Stadtturm, dessen Grundriss auf dem Platz mit Pflastersteinen angedeutet ist. Die Südseite des Marktplatzes wird durch das Rathaus im Stil Ludwigs XV. (1769–1771) und einen neuen Gebäudetrakt (1924/25) geprägt, der sich architektonisch an der mittelalterlichen Stadthalle mit dem Stadtturm orientiert. Im Glockenturm wird heute die Geschichte des Glockenspiels von den Anfängen bis zu den automatischen Spielen und Uhrwerken der Moderne behandelt. Ein Besuch ist nur während einer Führung, die über das Infocentrum Roeselare arrangiert werden kann, möglich.

Kurz & kompakt

TOURISMUSINFORMATION
Infocentrum Roeselare
Ooststraat 35
8800 Roselare
Tel.: 051-26 96 00
E-Mail: infocentrum@roeselare.be
www.roeselare.be

SEHENSWÜRDIGKEIT
Nationaal Wielermuseum
Polenplein 15
8800 Roselare
Tel.: 051-26 87 40
E-Mail: wielermuseum@roeselare.be

UNTERKÜNFTE
Hostellerie Vijfwegen Bis***
Groene Herderstraat 171
8800 Roselare
Tel.: 051-24 34 72
E-Mail: hotel-vijfwegen@mdr.be
www.vijfwegen.be

De Bonte Os **
St. Hubrechtsstraat 14
8800 Roselare
Tel.: 051-24 02 15
E-mail: info@debonteos.be
www.debonteos.be

RESTAURANT/CAFÉ
Restaurant de Ooievaar
Noordstraat 91
8800 Roselare
Tel.: 051-20 54 86
E-Mail: restaurantdeooievaar@pi.be

RADTOUREN
Gitsbergroute (45 km), Bedevaartroute (40 km), Wastinerroute (50 km)

Diksmuide (Dixmude):
EIN HISTORISTISCHES WELTERBE

Der Name der am Ufer der Ijzer gelegenen Stadt ist ebenso wie der von Passendaele, Ypern und Langemark mit den flandrischen Schlachtfeldern des Ersten Weltkriegs verbunden. An die Ereignisse und Schrecken jenes erbarmungslos geführten Stellungskriegs erinnern bis heute das 84 Meter hohe Ijzermonument und der so genannte Dodengang (Totengang). Im Mittelpunkt unseres Interesses steht jedoch das in einer Stilmischung von Gotik und Renaissance erbaute Rathaus mit Belfried, das mit anderen Stadttürmen und Rathäusern Flanderns seit 1999 als UNESCO-Welterbe anerkannt ist. Die Geschichte des Rathauses war auch unabhängig von den Folgen des Ersten Weltkriegs recht wechselhaft: Das erste Schöffenhaus stand bereits 1428 an gleicher Stelle am Marktplatz und wurde 1567 durch einen größeren Neubau ersetzt, ehe im 19. Jahrhundert das historistische Rathaus erbaut wurde. Das heutige Rathaus mit Stadtturm ist das Resultat des Wiederaufbaus von 1923, nachdem die Stadt während des Ersten Weltkriegs in Schutt und Asche gelegt worden war. Im viereckigen, aus Backstein erbauten Stadtturm, der mit einer Laterne abschließt, befindet sich das Glockenspiel mit 35 Glocken, die 1935 durch den Glockengießer Marcel Michiels Jr. angefertigt wurden.

Der Grote Markt von Diksmuide

Kurz & kompakt

Tourismusinformation
Toerisme Diksmuide
Grote Markt 28
8600 Diksmuide
Tel.: 051-51 91 46
E-Mail: toerisme@stad.diksmuide.be
www.toerismediksmuide.be

Unterkunft
Hotel Polderbloem**
Grote Markt 8
8600 Diksmuide
Tel.: 051-50 29 05
E-Mail: polderbloem@pi.be
www.polderbloem.be

Restaurants/Cafés
De Reiziger
Grote Markt 7
8600 Diksmuide
Tel.: 051-50 01 64

't Brouwershuys
Grote Markt 19
8600 Diksmuide
Tel.: 051-50 50 30
E-Mail: info@brouwershuys.com
www.brouwershuys.com

Ijzertor in Diksmuide

Radverleih
Catrysse
Kaaskerkestraat
8600 Diksmuide
Tel.: 051-50 46 70

't Buitenbeentje
Vaartstraat
8600 Diksmuide
Tel.: 051-50 46 27

Radtouren
Boterlandroute (43 km) u.
Krekedalroute (46 km)

Nieuwpoort (Nieuport):
WELTERBE IN BRÜGGES EHEMALIGEM VORHAFEN

Das Städtchen, das durch Philipp von Elsass 1163 die Stadtrechte erhielt, diente lange Zeit den Städten Ypern und Brügge als Vorhafen. Im Laufe der Geschichte blieb die Stadt nicht von Belagerungen und Verwüstungen verschont, so auch in der Schlacht bei Nieuwpoort im Jahr 1600 und in den beiden letzten Weltkriegen. Am Marktplatz (Marktplein) steht neben dem Rathaus die so genannte Nieuwpoortsche Kornhalle, die auch unter dem Namen Stadthalle bekannt ist und nach den Kriegszerstörungen 1920 rekonstruiert wurde. Zwei Jahre später erfolgte der Wiederaufbau des Rathauses im Stil der flämischen Neorenaissance.

In den 1950er Jahren erfolgte erneut ein umfassender Wiederaufbau der zerstörten Stadt. Ursprünglich hing das Glockenspiel der Stadt im Glockenturm der Stadthalle – seit 1999 Teil des UNESCO-Welterbes. Das Glockenspiel wurde jedoch bereits 1675 in den Turm der Liebfrauenkirche geschafft. Leider wurden der Kirchturm und mit ihm das Glockenspiel 1914 gesprengt. Das heutige Glockenspiel mit 67 Glocken entstand 1952 und hängt mit einem Gewicht von neun Tonnen in dem erneuerten Turm der Liebfrauenkirche. Regelmäßig wird es an Mittwochabenden durch den Stadtglockenspieler zum Klingen gebracht.

Kurz & kompakt

TOURISMUSINFORMATION
Dienst voor Toerisme
Marktplein 7
8620 Nieuwpoort
Tel.: 058-22 44 44
E-Mail: info@nieuwpoort.be
http://www.nieuwpoort.be/toerisme/toerismenet.html

UNTERKÜNFTE
Duindomein
Albert I Laan 101
8620 Nieuwpoort
Tel.: 058-23 31 54
E-Mail: info@cosmopolite.be
www.cosmopolite.be

Kompas Camping Nieuwpoort
Brugse Steenweg 49
8620 Nieuwpoort
Tel.: 058-23 60 37
E-Mail: nieuwpoort@kompascamping.be
www.kompascamping.be

RESTAURANTS/CAFÉS
In 't Visserke
Ijzer 5
8620 Nieuwpoort
Tel.: 058-23 32 33
E-Mail: info@visserke.be
www.visserke.be

Brasserie Het Kompas
Henegouwenstraat 1
8620 Nieuwpoort
Tel.: 058-23 08 23
E-Mail: info@hetkompas.be
www.hetkompas.be

Veurne (Furnes):
EIN LANDHAUS MIT GLOCKENTURM

Das Rathaus dieses westflämischen Städtchens steht an einem der schönsten Marktplätze Belgiens mit einer Reihe Backsteinhäuser mit Treppengiebeln. Das von 1596 bis 1612 im flämischen Renaissancestil erbaute Rathaus und das Landhaus (1612–1622), in dem bis zur Französischen Revolution die Gebietsverwaltung und später ein Gericht untergebracht waren, werden vom spätgotischen Glockenturm überragt.

Der viereckige Unterbau des Turms, der sich stufig nach oben verjüngt und ein achteckiges Obergeschoss besitzt, trägt die Jahreszahl 1628, die sich auf die „barocke Bekrönung" des Turms bezieht. Das Landhaus wurde nach Plänen von Sylvanus Boullain, dem Hofarchitekten der Erzherzöge Albrecht und Isabella, erbaut. Es weist Formen der italienischen Renaissance auf, etwa toskanische Säulen und Rundbogennischen mit allegorischen Darstellungen von Frieden und Gerechtigkeit.

Rathaus und Landhaus

Kurz & kompakt

Tourismusinformation
Dienst voor Toerisme Veurne
Grote Markt 29
8630 Veurne
Tel.: 058-33 05 31
E-Mail: infotoerisme@veurne.be
www.veurne.be

Unterkünfte
Hostellerie Croonhof*
Noordstraat 9
8630 Veurne
Tel.: 058-31 31 28
E-mail: info@croonhof.be
www.croonhof.be

Hotel de Loft*
Oude Vestingstraat 36
8630 Veurne
Tel.: 058-31 59 49
E-Mail: deloft@pi.be
www.deloft.be.

Radverleih
Bahnhof Veurne
Statielein
Tel.: 050-30 49 73

Radtouren
De Moerenroute (48 km),
Veurne-Ambachtroute (48 km),
Langelisroute (39 km)

Blick auf den Stadtturm und die St.-Walburga-Kirche

Lo-Reninge:
Ein Miniglockenspiel im Rathaus

Inmitten der flachen Polderlandschaft liegt das westflämische Lo-Reninge. Das Renaissance-Rathaus von 1565/6 ersetzt das alte Rathaus, das baufällig geworden war. Das Türmchen des Rathauses beherbergt nicht allein die Stadtglocke, sondern auch ein Miniglockenspiel. Und über dem Eingang des ehemaligen Rathauses erblickt man ein schmiedeeisernes Schild mit dem Wappen der Stadt.

Kurz & kompakt

Tourismusinformation
VVV Lo-Reninge
Markt 17a
8647 Lo-Reninge
Tel.: 058-28 91 66
E-Mail: info@lauka.be
www.lauka.be

Radverleih
VVV Lo-Reninge

Radtouren
Ijzerbroekenroute (41 km)

Ypern (Ieper/Ypres):
WELTERBE IN EINER WESTFLÄMISCHEN FESTUNGSSTADT

Bis zum 14. Jahrhundert war Ypern eine der größten europäischen Städte, deren Wohlstand der Tuchherstellung zu verdanken war, die in den Händen reicher Patrizier lag. Nachdem die Stadt 1383 belagert und das Umland schwer verwüstet worden war, wanderten viele Tuchweber aus. Schwere Epidemien in den folgenden zwei Jahrhunderten führten vollends zum Niedergang. Erst unter den Habsburgern erwachte Ypern als Grenzstadt gegenüber dem „Erzfeind" Frankreich aus seiner Bedeutungslosigkeit. Die Stadt wurde zur Festung ausgebaut. Diesen Ausbau setzte Vauban, der Festungsbaumeister Ludwigs XIV., zwischen 1678 und 1684 fort, nachdem die Stadt nach mehreren Belagerungen von den Franzosen eingenommen worden war. Sichtbare Folgen des Ersten Weltkriegs sind bis heute die 170 Soldatenfriedhöfe, auf denen annähernd 500.000 Soldaten aus Neuseeland, Australien, Kanada, Südafrika, Neufundland und Indien ihre letzte Ruhe fanden.

EIN PARKETT FÜR DEN TUCHHANDEL

Die frühgotische Tuchhalle hat gigantische Ausmaße und war zur Zeit Ihrer Entstehung (1260–1304) der größte nicht-sakrale Gebäudekomplex Westeuropas. Ursprünglich waren die zahlreichen Nischen der Fassade mit Skulpturen geschmückt, die jedoch bei der Rekonstruktion nach dem Ersten Weltkrieg, den nur ein Teil des Westflügels unbeschadet überstanden hat, keine Berücksichtigung fanden. Auf dem Dach der Tuchhalle stehen vergoldete Skulpturen: ein Turmwächter, der Stadtnarr mit einer Katze und der Riese Goliath.

Errichtet wurde die Halle, deren Verkaufsfläche mehr als 2000 Quadratmeter umfasste, nahe der schiffbaren Leperlee, die heute überbaut ist. Durch ein Tor des

Der Soldatenfriedhof von Ypern erinnert an tragische Zeiten.

Marktplatz mit Tuchhalle

Seitenflügels der Halle konnten Schiffer ihre Fracht direkt ins Innere bringen und dort löschen. Heute ist in der Tuchhalle das sehr sehenswerte Museum „In Flanders Fields" untergebracht, dass sich vorrangig mit dem Ersten Weltkrieg und dessen Folgen befasst. Neben der Tuchhalle – sie wurde zwischen 1920 und 1934 in Sandstein weitgehend rekonstruiert – hat es auch der Stadtturm der Stadt geschafft, als UNESCO-Welterbe anerkannt zu werden.

Alle drei Jahre fliegen Katzen vom Turm

Graf Boudewijn IX. soll um 1200 den Grundstein für den viereckigen Stadtturm gelegt haben. Wahrscheinlicher ist jedoch, dass erst um 1260 der Ostflügel der Tuchhalle und der 70 Meter hohe Turm erbaut wurden. Ursprünglich wurde die erste Turmetage als Schatzkammer genutzt. Im darüber liegenden Geschoss befand sich die Waffenkammer. Über dem Durchgang des Turms, dessen wuchtige Gestalt durch vier achteckige Türmchen aufgelockert wird, steht die Statue der Schutzheiligen der Stadt. Darüber hinaus sind Statuen des Grafen Boudewijn IX. und seiner Gemahlin Margareta von Champagne sowie von König Albert I. und Königin Elisabeth zu sehen, während deren Regentschaft der Wiederaufbau von Glockenturm und Tuchhalle erfolgte. Ein steinerner Löwe trägt in Höhe der ersten Etage das Stadtwappen.

In der Glockenstube hängt ein Glockenspiel mit 49 Glocken, deren schwerste ein Gewicht von mehr als zwei Tonnen aufweist. 27 der Glocken stammen von 1934, 22 wurden erst 1962 gegossen.

Alle drei Jahre am zweiten Sonntag im Mai wird dem Belfried besondere Aufmerksamkeit zuteil: Anlässlich des traditionellen „Katzenumzugs" werden zur Freude der Schaulustigen durch den Stadtnarren „Plüschkätzchen" vom Turm herabgeworfen. Dieses Schauspiel geht auf eine Tradition zurück, bei der seit dem 12. Jahrhundert noch bis 1817 in unregelmäßigen Abständen lebende Katzen vom Turm geworfen wurden. Auf diese Weise wurde symbolisch der Teufel getötet und und alles Böse vernichtet, als deren Personifikation die Katzen seit ehedem gelten.

Kurz & kompakt

Tourismusinformation
Toerisme Ieper
Grote Markt 34
8900 Ieper
Tel.: 05723 92 20
E-Mail: toerisme@ieper.be
www.ieper.be

Museen
In Flanders Fields Museum
Lakenhal
Grote Markt 34
8900 Ieper
Tel.: 057-23 92 20
www.inflandersfields.com

Unterkünfte
Hotel Albion*
Sint-Jacobsstraat 28
8900 Ieper
Tel.: 057-20 02 20
E-Mail: info@albionhotel.be
www.albionhotel.be

Blighty B&B
Neerstraat 5
8900 Ieper
Tel.: 057-36 02 88
E-Mail: screenscape@msn.com
www.westflanders.be/Blighty

Restaurant/Café
Old Tom
Grote Markt 8
8900 Ieper
Tel.: 057-20 15 41
E-Mail: info@oldtom.be
www.oldtom.be

Radverleih
Bahnhof Ieper
Tel.: 057-20 00 70

Radtouren
Fleterna-Route und Radwegenetzwerk
Ypres Salient

Menen:
Ein Glockenturm, der wuchs und wuchs

Das im Stil des Klassizismus erbaute Rathaus entstand 1782. Daran lehnt sich der 33 Meter hohe Glockenturm mit seinen 49 Glocken, der bereits zwischen 1574 und 1610 errichtet wurde. Nach der Grundsteinlegung musste der Bau 1576 aufgrund von Kriegswirren unterbrochen werden, sodass zu diesem Zeitpunkt lediglich zwei Geschosse aus massiven Quadern fertig gestellt waren. Erst mehr als drei Jahrzehnte später setzte man den Bau des Glockenturms zügig fort. Oberhalb des Unterbaus legte man zwei Geschosse aus Ziegeln an, ehe man den Turm mit einem Turmumgang nebst zwei achteckigen Aufbauten und Turmhelm abschloss. Vom „Großen Brand" von 1694 blieb der Glockenturm wie durch ein Wunder verschont. Als Menen jedoch 1706 belagert wurde, wurde die Turmspitze zerstört, die wenige Jahre später wieder aufgebaut wurde. Dabei wurde ein drittes achteckiges Geschoss hinzugefügt, das mit einem Kuppeldach nebst Laterne mit Glockenspiel abgeschlossen wurde. Eine nochmalige bauliche Veränderung erfolgte 1828, als man ein viertes achteckiges Geschoss aufbaute. Seither ist der Glockenturm von Menen baulich unverändert geblieben.

Kurz & kompakt

Tourismusinformation
Dienst Toerisme Menen
Rijselstraat 77
8930 Menen
Tel.: 056-53 23 63
E-Mail: schippershof@menen.be
www.menen.be

Unterkünfte
Best Western Ambassador Hotel****
Wahisstraat 34-42
8930 Menen
Tel.: 056-31 32 72
E-Mail: ambassador@ambassadorhotel.be
www.ambassadorhotel.be

Hotel De Sterre**
Grote Markt 30
8930 Menen
Tel.: 056-51 12 73

Restaurants
't Hoekske
Bruggestraat 193
8930 Menen
Tel.: 056-51 20 56

Culinair
Dronckaertstraat 508
8930 Menen
Tel.: 056-42 67 33
E-Mail: info@restaurantculinair.be
www.restaurantculinair.be

Kortrijk (Courtrai):
MANTEN UND KALLE GEBEN DIE ZEIT VOR

Traditionell war Kortrijk, das 1189 Stadtrechte erhielt, Zentrum der Flachsverarbeitung und des Handels. So ist es denn kein Wunder, dass der Handelsgott Merkur seit 1717 vom Stadtturm hinabschaut. Dieser Turm, der lange Zeit als Wachturm diente und mitten auf dem Grote Markt steht, ist ein Überbleibsel der einst 51 Meter langen mittelalterlichen Tuchhalle, die 1307 erstmals urkundlich erwähnt wurde. Anfänglich schlug der Turmwächter die Sturmglocke, und auch die Arbeitsstunden wurden durch Glockenklang bestimmt, ehe mechanische Figuren diese Aufgabe übernahmen.
Da die Turmspitze des Turms 1519 einzustürzen drohte, wurde sie abgetragen und durch eine kleinere Spitze mit vier Türmchen ersetzt. Auch die Tuchhalle überstand den Lauf der Zeit nicht. Statt ihrer baute man in der Mitte des 16. Jahrhunderts 22 Wohnhäuser, die in der ersten Hälfte des 18. Jahrhunderts zu Herbergen und Gasthäusern umgewandelt wurden.

Der Beginenhof von Kortrijk: Hier lebten im 17. Jahrhundert 137 Beginen.

Beginenhof von Kortrijk

Als man diese Häuser dann 1897 abbrach, blieb der Stadtturm glücklicherweise erhalten. Im Zuge der nachfolgenden Restaurierung erhielt er sein heutiges Aussehen, das dem des 16. Jahrhunderts entspricht. An der vorderen Front des Turms ist nicht nur eine Madonnenfigur zu sehen, sondern auch das Stadtwappen. Unterhalb der Figur des Handelsgottes Merkur entdeckt man „Manten" und „Kalle", zwei kupferne Skulpturen, die seit 1961 für jeden hörbar die Stunden schlagen. Seit 1994 besitzt der Belfried auch wieder ein komplettes Glockenspiel.

In unmittelbarer Nähe der Sint-Maartenskerk und der Onze-Lieve-Vrouwekerk, also mitten in der Stadt, liegt der Beginenhof, der sowohl Straßen- als auch Hofbeginenhof ist. Anfänglich lebten hier 46, zur Blütezeit der Beginenbewegung im 17. Jahrhundert 137 Beginen. Gestiftet wurde der Hof der frommen Damen 1241 durch Johanna von Konstantinopel, Gräfin von Flandern. An diese gütige Stifterin erinnert ein Standbild auf dem Joannas Plein. Im Wohnhaus der Vorsteherin der Beginen, einem Backsteinbau mit doppeltem Treppengiebel (1649), ist das Beginenmuseum untergebracht: Ein Blick in die Küche und eine Schlafkammer, aber auch die zahlreichen Dokumente vermitteln einen Eindruck vom Alltag der glaubensfesten Frauen, die kein Armutsgelübde kannten und jederzeit die Gemeinschaft verlassen durften. Die Häuser des heutigen Beginenhofs – bis auf zwei sind alle weiß gekalkt – wurden im Wesentlichen im 17. Jahrhundert erbaut. Größtes Haus der Hofanlage ist der so genannte Große Saal, 1682 aus Back- und Sandstein erbaut, der als Hospital und als Versammlungsort genutzt wurde. Zum Beginenhof gehört auch die ursprünglich gotische St.-Matthäus-Kapelle, die im 18. Jahrhundert barock umgestaltet wurde.

Kurz & kompakt

Tourismusinformation
Dienst Toerisme Kortrijk
Sint-Michielsplein 5
8500 Kortrijk
Tel.: 056- 27 78 40
E-Mail: toerisme@kortrijk.be
www.kortrijk.be/

Unterkünfte
Hotel Belfort ***
Grote Markt 52/53
8500 Kortrijk
Tel.: 056-22 22 20
E-Mail: info@belforthotel.be
http://www.belforthotel.be

B & B De Begijnhofkamers – Kortrijk
Begijnhof 23
8500 Kortrijk
Tel.: 056-22 83 74
E-Mail: a.vanhauwere@belgacom.net
http://users.belgacom.net/
begijnhofkortrijk/

Jugendherberge Groeninghe
Passionistenlaan 1a
8500 Kortrijk
Tel.: 056-20 14 42
E-Mail: kortrijk@vjh.be
www.vjh.be

Restaurants/Cafés
Café Leffe
Grote Markt 3
8500 Kortrijk
Tel.: 056-21 17 14

Akkerwinde
Doorniksewijk 12
8500 Kortrijk
Tel.: 056-22 82 33

Oudenaarde (Audenarde):
EIN „RELIQUIENKÄSTCHEN" ALS RATHAUS

Seit dem frühen 11. Jahrhundert besitzt Oudenaarde Stadtrechte. Die wirtschaftliche Blüte dieser flämischen Stadt lag in der ersten Hälfte des 16. Jahrhunderts und zu Beginn des 17. Jahrhunderts. Zu verdanken war dies den unter strengen Zunftregeln und kaiserlichem Regelwerk arbeitenden Teppichwebern. Im Zuge der Religionskriege zur Zeit Philipps II. und seiner Statthalter wurden die calvinistischen Teppichweber als Ketzer verfolgt, vertrieben und hingerichtet. Nachdem 1582 katholische Truppen Oudenaarde eingenommen hatten, verließen schließlich 12.000 Teppichweber die Stadt.

An die Tradition des Bildteppichwirkens knüpft heute die Ausstellung der Oudenaarder Wandteppiche im Rathaus an, die aus der Zeit des 16. und 17. Jahrhunderts stammen. Zu sehen sind Wandteppiche mit Landschaftsdarstellungen, sogenannte Verdüren in allerlei Grün-, Blau- und Brauntönen. Motive waren vor allem schematisch gestaltete Blumen und eine üppige Flora mit Ziervögeln, so in dem Wandteppich „Landschaft mit zwei Fasanen".

EIN „RELIQUIENKÄSTCHEN" AM MARKTPLATZ

Das anstelle des alten Schöffenhauses erbaute Rathaus steht an der Nordseite des Marktplatzes und diente im 19. Jahrhundert in seiner Baugestaltung als Vorlage für die Wiederherstellung des Brüsseler Hauses des Königs. Der Oudenaarder Sandsteinbau gilt als eines der schönsten profanen spätgotischen Bauwerke Belgiens. Dabei wird oft übersehen, dass das in der Zeit von 1526 bis 1537 erbaute Rathaus in der im 13. Jahrhundert erbauten Tuchhalle noch

Rathaus

romanische Spuren besitzt. Auf dem 40 Meter hohen Rathausturm thront seit 1530 der Beschützer der Stadt „Hanske de Krijger", ein vergoldeter Fahnenträger mit dem städtischen Banner in der Hand. Verspielt erscheint die mit Blattranken und Kreuzblumen verzierte sandsteinerne Fassadengestaltung: Zahlreiche schlanke Türmchen ragen empor, an der Westseite erhebt sich ein Treppengiebel, über die gesamte Breite der symmetrisch gegliederten Fassade erstreckt sich ein Balkon. Das Untergeschoss des Rathausturms gleicht einer Tribüne, und wer von weitem auf das Rathaus schaut, meint gar ein kostbares Reliquienkästchen zu erblicken. Doch Glocken schlagen nicht im Rathausturm; die Glocken, die man jeden Sonntag zur Mittagszeit vernimmt, hängen im Glockenturm der St.-Walburga-Kirche.

Kurz & kompakt

Tourismusinformation
Stedelijke dienst toerisme
Stadhuis
Markt 1
9700 Oudenaarde
Tel.: 055-31 72 51 und 34 74 33
E-Mail: toerisme@oudenaarde.be
www.oudenaarde.be

Unterkünfte
Moriaanshoofd*
Moriaanshoofd 27
9700 Oudenaarde
Tel.: 055-09-384 37 87
www.belgamedia.be/moriaanshoofd

Hotel Cesar**
Markt 6
9700 Oudenaarde
Tel.: 05530 13 81
E-Mail: info@hotel-cesar.be
www.hotel-cesar.be/de/index-de.html

Restaurant/Café
Restaurant Den Wijngaard
Wijngaardstraat 12
9700 Oudenaarde
Tel.: 055-31 22 30
E-Mail: den.wijngaard@proximedia.be
www.proximedia.com/web/den-wijngaard.html

Radverleih
Bahnhof Oudenaarde
Tel.: 055-31 17 52

Fietsen Peter
Beverestaat
9700 Oudenaarde
Tel.: 055-31 16 53

Radtouren
Adriaan-Brouwer-Route (45 km) von Oudenaarde nach Maarkedal

Brügge (Brugge/Bruges):
ENE ALTSTADT IM RHYTHMUS
DES GLOCKENSCHLAGS

„Venedig des Nordens", „Flämisches Amsterdam" und „Athen der Niederlande" sind die schmückenden Beinamen der malerischen, von Grachten durchzogenen Stadt, deren mittelalterliches Stadtbild größtenteils erhalten gebliebenen ist. Dank der Tuchmacher und der Hanse besaß Brügge, das für manchen Kritiker von heute einem Puppenheim gleicht, bis ins 14./15. Jahrhundert hinein Ansehen und Wohlstand. In ihren längst geschleiften Stadtmauern – nur noch Stadttore wie das Smedepoort erinnern an die ursprüngliche Befestigung – beherbergt Brügge eine stattliche Zahl pittoresker backsteinerne Patrizierhäuser. Von den 10.000 Bauwerken der Stadt sind 300 als Baudenkmäler unter besonderen Schutz gestellt. Und noch immer umweht die im Schatten von Gent, Brüssel und Antwerpen stehende „flämische Kunststadt" der Hauch kleinstädtischer Beschaulichkeit, den ihre Besucher so lieben.

BRÜGGE IST TOT – ODER DOCH NICHT?

„Brügge ist tot", so lautet vielfach das vorschnelle Urteil über das ein wenig verschlafen anmutende Städtchen, das zwar

Idylle an Brügges Grachten

St.-Johannes-Hospital (Memling-Museum)

während des Tages Tausende Besucher sieht, abends den Bürgern der Stadt aber wieder zurückgegeben wird. Wer nach Geschäftsschluss durch Brügge spaziert, wird überrascht sein, wie munter und lebendig die „Totgesagte" dann ist: Gambrinus-Freunde sind zum „Brugs Beertje" unterwegs, um eines oder zwei der mehr als 300 dort ausgeschenkten Biere zu probieren. Zu Füßen des 83 Meter hohen Glockenturms, der die Südseite des Marktes überragt, reiht sich Restaurant an Restaurant, deren beheizbare Terrassen auch bei kühlen Temperaturen gut besucht sind.

STRAFFE HENDRIK, ST. JOHANNES-HOSPITAL UND FESTUNGSGÜRTEL

Morgens hört man in der Nähe des beschaulichen Beginenhofs Hufgetrappel. Stimmengewirr fängt sich in schmalen Gassen. Im Hof der Hausbrauerei „Halve Maan" werden die ersten Gläser „Straffe

Ein Paradies für Bierliebhaber: het Brugs Beertje

Der Ursulaschrein des altniederländischen Meisters Hans Memling

Hendrik" gehoben. In den Schaufenstern der Chocolatiers liegen Meerjungfrauen, Muscheln und Seesterne aus Schokolade – welch' Versuchung! Nebenan lockt feinste Brügger Spitze die Besucher, die Klöppelkunst hat hier eine lange Tradition. Kunstbeflissene dagegen strömen zum ehemaligen St.-Johannes-Hospital (Sint-Janshospitaal), um dort den Ursulaschrein des altniederländischen Meisters Hans Memling zu bewundern.

Mit einem Peitschenknall setzen sich die Pferde in Bewegung, die Stadtbesucher in einer Kutsche durch die Altstadt fahren: Gotische Treppengiebel, Backsteinfassaden und beeindruckende Sakralbauten wie die Liebfrauenkirche aus dem 13. Jahrhundert mit einem 122 Meter hohen backsteinernen Turm liegen am Weg. Die meisten Besucher begnügen sich mit einem Blick auf den sich in die Höhe reckenden Glockenturm (Belfried) am Markt; nur wenige entscheiden sich für den mühse-

Windmühle auf dem ehemaligen Festungswall

Spitzenklöpplerin im Beginenhof von Brügge

ligen Aufstieg über 366 Stufen. Doch jene werden durch einen grandiosen Blick über die Stadt mit ihren Gassen, Grachten und Brücken sowie ihre Umgebung belohnt.

Wer Brügge besucht, hat die Qual der Wahl. Ob nun der Festungsgürtel mit seinen Windmühlen, das Spitzenzentrum mit seinen nachmittäglich klöppelnden Damen oder die Heilig-Blut-Basilika – zu zahlreich sind die Sehenswürdigkeiten der Stadt. Doch einmal im Jahr haben alle nur ein Ziel: An Christi Himmelfahrt lassen sich weder Pilger noch Touristen von nah und fern die Heilig-Blut-Prozession entgegen. Dicht an dicht drängen sich dann Gläubige und Schaulustige in den Gassen und Straßen, um einen Blick auf den historischen Umzug zu erhaschen: Hier wird Josef von seinen Brüdern verkauft, dort wird man der tanzenden Salome gewahr. Die Weisen aus dem Morgenland ziehen vorüber und Jesus tritt vor Pilatus, der von römischen Legionären umgeben ist.

OASE DER RUHE – DER BEGINENHOF TEN WIJNGAARDE

Beschaulich geht es abseits der lärmenden Menschenmenge zu, die sich Tag für Tag durch die Gassen der Altstadt ergießt. Ruhesuchende ziehen sich in die Parkanlage am Minnewater, in die Abgeschiedenheit der „Stiftshöfe" oder in den Beginenhof zurück. Letzterer ist sicherlich der bekannteste und meistbesuchte Beginenhof Flanderns. Umstanden von schlanken Kanadischen Pappeln säumen weiß geschlämmte Häuschen mit Treppen- und Schnabelgiebeln den Hof, der ohne die Fürsprache von Johanna von Konstantinopel nie entstanden wäre. Wo seit Beginn des 13. Jahrhunderts die Beginen lebten, wohnen heute Benediktinerinnen.

Nichts erinnert mehr an die Arbeit, mit der sich die Beginen ihren Lebensunterhalt verdienten. Nirgendwo sieht man fleißige Hände beim Waschen von Laken, die anschließend auf der Bleichwiese zum Trocknen ausgelegt wurden. Auch Klöppel und Klöppelkissen sind verschwunden. Und auch das Lachen der Wohnkinder, die in die Obhut der Beginen gegeben wurden, ist verklungen.

Ursprünglich lebten die frommen Brügger Damen in sieben Gemeinschaftshäusern, den so genannten Konventen. Doch nach und nach kamen wohlhabendere verwitwete und allein stehende Frauen in die Gemeinschaft. Sie erhielten das Privileg, in eigenen Häuschen zu leben. Der Gemeinschaftsgeist litt darunter keineswegs, vielmehr erlebte die Beginenbewegung Brügges im 15. Jahrhundert eine Blütezeit, als rund 150 Beginen die Hofanlage bevölkerten. Als Folge der Reformation und der Machtübernahme in der Stadt durch calvinistische Bürger mussten die Beginen zwischen 1562 und 1584 ihre „Oase der Frömmigkeit" aufgeben. Schweren Schaden nahm die Hofanlage zudem durch einen Brand im Jahr 1584. Erst nach dem Ende des „Bildersturms" kehrten die Beginen in ihren Hof

Beginenhof von Brügge „Ten Wijngaarde"

zurück. Das beschauliche, fromme Leben dauerte bis zum Ende des 18. Jahrhunderts an, dann wurde im Zuge der Französischen Revolution das Hab und Gut der Beginen konfisziert. Zwar gelangten die Beginen nach dem Wiener Kongress wieder in den Besitz des Hofes, doch blieb eine Wiedergeburt der Beginenbewegung in der Größe und Bedeutung vergangener Zeiten aus.

Zugang zum Beginenhof gewährt das 1776 erbaute Beginenhoftor, das mit der Statue der Schutzheiligen der Armen, Elisabeth von Ungarn, geschmückt ist. An der Westseite des Hofes liegt das Benediktinerinnenkloster. Die dreischiffige Beginenhofkirche wurde in der Mitte des 13. Jahrhunderts in Form einer Basilika erbaut. Nach dem Brand von 1584 wurde das Kirchlein zwischen 1604 und 1609 wieder aufgebaut und im 18. Jahrhundert barockisiert. In den Häusern mit den Nummern 1 bis 3 ist das Beginenhofmuseum untergebracht, dessen Innenausstattung aus dem 18. Jahrhundert stammt.

Leben mit dem Klang der Glocken des Belfrieds

Von Ferne vernimmt man alle Viertelstunde den Klang des automatischen Glockenspiels, das sich im Inneren des Belfrieds, des Glockenturms am Markt hängt. Das Wahrzeichen der Stadt gilt als einer der schönsten Glockentürme Belgiens und wurde von 1282 bis 1482 erbaut – 200 Jahre verbrachten die Brügger damit, das sichtbare Zeichen ihres Selbstbewusstseins in die Höhe wachsen zu lassen. Der „Schiefe Turms von Brügge", der eine achteckige Laterne als Abschluss besitzt, neigt sich um 87 Zentimeter zur Wollestraat hin. Um allerdings zu verhindern, dass sich der quadratische Turm so stark wie der in Pisa neigt, verstärkte man ihn 1554 durch schwere Pfeiler. Vom Balkon über dem Eingangsportal wurden bis 1764 unter dem wachsamen Auge der „Mutter Gottes" städtische Verordnungen öffentlich verkündet.

Glockenturm

Kurz & kompakt

TOURISMUSINFORMATION
Toerisme Brugge
Burg 11
B 8000 Brugge
Tel.: 050-44 86 86
E-Mail: toerisme@brugge.be und toerisme.info@brugge.be
http://www.brugge.be

SEHENSWÜRDIGKEITEN
Beginenhof und Beginenhofmuseum
Wijngaardstraat

Rathaus
Burg 12
Das spätgotische Rathaus stammt aus dem späten 14.und beginnenden 15. Jahrhundert, wurde anschließend allerdings mehrfach umgebaut und erweitert. Besonders sehenswert ist der gotische Saal, dessen Decke mit farbigen Holzschnitzarbeiten bedeckt ist.

Belfried
Markt
Der mittelalterliche Glockenturm (13.–15. Jh.) mit einem aus 47 Glocken bestehenden Glockenspiel bietet nach dem Aufstieg (366 Stufen) einen herrlichen Blick über Brügge.

MUSEEN
Memling-Museum
Mariastraat 38
Untergebracht im mittelalterlichen St.-Johannes-Hospital mit seinen historischen Krankensälen präsentiert das Museum Meisterwerke des Malers Hans Memling, u. a. den berühmten Ursulaschrein, die „Anbetung der Weisen" und „Die mythische Vermählung der hl. Katharina".

Groeningemuseum
Dijver 17
Nicht nur die so genannten Flämischen Primitiven wie Jan van Eyck und Rogier van der Weyden sind hier mit einigen Werken zu bewundern, sondern auch die belgische Moderne mit Arbeiten der Surrealisten René Magritte, Paul Delvaux und Marcel Broodthaers.

KIRCHEN
Kirche Unserer Lieben Frau
Dies ist wohl der beeindruckendste Sakralbau Brügges: 122 Meter hoch ragt der Turm der Backsteinkirche empor. Sehenswert sind neben der Grablege des Burgunderherzogs Karl des Kühnen und seiner Tochter Maria von Burgund Michelangelos „Madonna mit Kind".

Heilig-Blut-Basilika
Diese Doppelkirche – es existieren eine romanische Unterkirche und eine spätgotische, im 19. Jahrhundert rekonstruierte Oberkirche, in der die kostbare Reliquie des Heiligen Blutes aufgewahrt wird – ist nicht nur an Himmelfahrt Anziehungspunkt für viele Gläubige.

St.-Salvator-Kathedrale
Seit 1834 ist diese Kirche eine Kathedrale. Spuren der französischen Gotik entdeckt man im Chor (um 1300). Besonders sehenswert sind die dort ausgestellten Wandteppiche, die im frühen 18. Jahrhundert entstanden, sowie der Hauptaltar und die spätbarocken Prachtgrabmale von zwei Brügger Bischöfen.

Jerusalemkirche
Diese Kirche wurde im Auftrag der Familie Adornes errichtet, die ursprünglich aus Genua stammte und sich in Brügge niedergelassen hatte. Erbaut wurde dieses Gotteshaus 1471 bis 1483 als Nachbildung des Heiligen Grabes in Jerusalem.
Weitere Infos zu den Kirchen
www.brugge.be/infogids/godsd.htm

UNTERKÜNFTE
Hotel Montanus****
Nieuwe Gentweg 78
8000 Brügge
Tel.: 050-33 11 76
E-Mail: info@montanus.be
www.montanus.be

Hotel Egmond***
Minnewater 15
8000 Brügge
Tel.: 050-34 14 45
E-Mail: info@egmond.be
www.egmond.be/

Hotel Passage
Dweersstraat 26
8000 Brügge
Tel.: 050-34 02 32
E-Mail: info@passagebruges.com
www.passagebruges.com

RESTAURANTS/CAFÉS
Den Gouden Harynck
Groeninge 25
8000 Brügge
Tel.: 050-33 76 37
www.goudenharynck.be/

Hobbit
Kemelstraat 8
8000 Brügge
Tel.: 050-33 55 20
www.hobbitgrill.be/

Huisbrouwerij de Halve Maan
Walplein 26
8000 Brügge
Tel.: 050-33 26 97

't Brugs Beertje
Kemelstraat 5 (gegenüber Hobbit!)
8000 Brügge
Tel.: 050-33 96 16

RADVERLEIH
Bahnhof Brügge
Tel. 050-38 23 82

Hotel 't Koffieboontje
Hallestraat 4
8000 Brügge
Tel.: 050-33 80 27
www.hotel-koffieboontje.be

RADTOUREN
Riante-Polder-Route (44 km)

Löwen (Leuven/Louvain):
STATT GOTTESFÜRCHTIGER FRAUEN LEBENSLUSTIGE STUDENTEN

Das sandige Hageland und das brabantische Lehmplateau sowie der Fluss Dijle prägen die Umgebung der Universitäts- und Brauereistadt Löwen, die am Ende des 12. Jahrhunderts mit dem noch heute existierenden Stadtgrundriss in radial-konzentrischer Form entstand. Am Grote Markt steht nicht nur das Rathaus in „gotischem Zuckerbäckerstil", sondern  auch die in Brabanter Hochgotik gestaltete Kirche St. Peter (Sint-Pieterskerk), die mit ihrem Glockenturm zum UNESCO-Welterbe zählt. Diese aus Sandstein erbaute Kirche wurde nach einem Brand 1176 als romanische dreischiffige Basilika mit Chor errichtet. In Anlehnung an die St.-Rombout-Kathedrale in Mechelen erfuhr die Löwener Kirche im Laufe der Zeit gotische und barocke Veränderungen.

Ursprünglich waren drei Türme geplant, von denen aber jeweils nur die Turmbasen vorhanden sind. Auch die Idee eines Turmbaus von 170 Metern Höhe wurde aufgegeben und 1613 der mittlere Turm auf das heutige Niveau von 30 Metern reduziert. Unter den Kirchenschätzen sind der spätbarocke Predigerstuhl (1742) aus der Abtei von Ninove und der spätgotische Lettner zu nennen, ganz abgesehen von zahlreichen wertvollen Gemälden wie „Die Folter des hl. Erasmus" und „Das letzte Abendmahl" von Dirk Bouts (um 1415–1475).

EIN ARCHITEKTONISCHES KLEINOD NICHT ALLEIN FÜR FROMME DAMEN

Der große Beginenhof in Löwen, der wahrscheinlich zwischen 1205 und 1232 entstanden ist, umfasst 70 kleine

Großer Beginenhof: Heute wohnen hier Mitarbeiter und Studenten der Katholischen Universität Leuven.

Häuser und Konvente aus Back- und Sandstein sowie die frühgotische Kirche Johannes der Täufer (Sint-Jan-de-Doperkerk, 1305 und 1421–1467). Diese teilweise noch durch eine Mauer und das Große Tor (1805) von der übrigen Stadt abgegrenzte Anlage wird von zwei Armen der Dijle durchflossen. Zwischen 1962 und 1990 wurde der Große Beginenhof im Auftrag der Katholischen Universität Löwen für einen Betrag von über 8,5 Millionen Euro restauriert. Heute leben dort bis zu 500 Studenten, Gäste und Mitarbeiter der Universität.

Das heute noch existierende älteste Haus des Beginenhofs stammt aus dem 16. Jahrhundert; die meisten Gebäude sind jedoch auf das 17. und 18. Jahrhundert zu datieren. Die „Tafel vom heiligen Geist" in der Middenstraat 16 und das Hospital (1263) – in diesem Gebäude befindet sich heute der Faculty Club, ein Treffpunkt für alle Mitarbeiter der Katholischen Universität Löwen – dienten ursprünglich der Armenversorgung und der Pflege kranker Beginen. Beide Einrichtungen liegen westlich von der Kirche. Unweit von dort steht der Konvent von Chièvres (1561), das durch die Witwe von Willem van Croy 1651 gestiftet wurde und als Herberge für 13 arme Beginen bestimmt war. Auffallend an diesem Gebäude ist das ausladende Zeltdach mit „Birnenspitze". Gegenüber diesem Konvent steht das Haus „Sint-Ermelindis" (1680), in dem drei Schwestern eine gemeinsame Bleibe fanden. Nicht nur am Gebäude der „Tafel vom Heiligen Geist" (1546–1600), sondern auch an anderen Häusern in der Middenstraat, ob nun am Haus „Hl. Dreifaltigkeit" oder am Haus „Hl. Augustinus", wurden Keramiken von Max van der Linden als moderner Bauschmuck angebracht.

Der westliche Teil des Beginenhofs trägt den Namen Spanisches Quartier. Von hier aus gelangten die Beginen zu ihren Weiden und Bleichwiesen. Und auch in diesem Teil des Beginenhofs gab es einen Konvent, der 1638 gestiftete „Neue Konvent", in dem einst 13 arme Mädchen wohnten. Wer zur vollen Stunde durch die Gassen des Beginenhofs spaziert, wird eines der beiden traditionellen Beginenlieder hören, die die 16 bronzenen Glöckchen im Dachreiter der Beginenhofkirche anstimmen.

Kurz & kompakt

Tourismusinformation
Toerisme Leuven
Grote Markt 9
3000 Leuven
Tel.: 016-21 15 39
E-Mail: toerisme@leuven.be
www.leuven.be

Unterkünfte
Hotel Binnenhof***
Maria Theresiastraat 65
3000 Leuven
Tel.: 016-20 55 92
E-Mail: info@hotelbinnenhof.be
www.hotelbinnenhof.be

Jugendherberge De Blauwput
Martelarenlaan 11 a
3010 Leuven
Tel.: 016-63 90 62
E-Mail: leuven@vjh.be
www.leuven-hostel.com/

Restaurants/Cafés
d'Artagnan
Krakenstraat 9–11
3000 Leuven
Tel.: 016-29 26 26
E-Mail: dartagnan@resto.be
www.dartagnan.resto.be

Lavendelblauw
Ravenstraat 38
3000 Leuven
Tel.: 016-20 53 35

Marienbildnis im Großen Beginenhof von Löwen

Domus (Hausbrauerei)
Tiensestraat 8
3000 Leuven
Tel.: 016-20 14 49
E-Mail: info@domusleuven.be
www.domusleuven.be

Radverleih
Toerisme Leuven, s. o.

Radtouren
Winge- en Demerroute (60 km) und Rock Werchterroute (34 km)

Diest:
KUNST UND GAUMENFREUDEN IM BEGINENHOF

Dieses flandrische Städtchen, im 15. Jahrhundert ein Teil der Grafschaft Nassau, wird auch die „Oranjestad" genannt. Bedeutendster Sakralbau ist die Stiftskirche, die den Heiligen Sulpitius und Dionysius geweiht ist. Doch nicht dieser aus eisenhaltigem, rostbraunem Sandstein erbauten Kirche gilt unser Interesse und auch nicht dem aus 47 Glocken bestehenden Glockenspiel, das jeden Sonntag erklingt, sondern dem aus 80 Häusern bestehenden Beginenhof. Zu ihm gehört

Beginenhofportal

die dreischiffige St.-Katharinen-Kirche (Sint-Catharinakerk) aus dem 13./14. Jahrhundert, die aus Eisensandstein in Demer Gotik erbaut wurde.

Zu betreten ist die abgeschlossene Hofanlage, in der zeitweilig bis zu 400 Beginen lebten, durch das barocke Haupttor. In goldenen Lettern prangt auf diesem monumentalen Eingangstor „H. Maria. Besloten hof. Comt in mijnen hof, myn suster bruyt" (Heilige Maria. Geschlossener Hof. Kommt in meinen Hof ihr Schwestern). Der so genannte Konvent van de Engelen (1642), einst Unterkunft

Beginenhof: eine Oase in der Stadt

der Novizinnen und der weniger begüterten Beginen, gehört gleichfalls zu diesem Beginenhof, der 1253 durch Arnold IV., Herr von Diest, gestiftet wurde.

Aufgehoben wurde diese Gemeinschaftseinrichtung frommer Damen im Zuge der französischen Besetzung 1796. Allerdings war die Anlage bereits in der Mitte des 16. Jahrhunderts vollständig umgestaltet und einem Schachbrettgrundriss folgend neu angelegt worden: Im Mittelpunkt des Beginenhofs stehen seither die Kirche und die Krankenanstalt. Neben dem Hospital in der Infirmeriestraat gab es auch so genannte Pesthäuser (Nr. 8 und 10), in denen Beginen gepflegt wurden, die an hoch ansteckenden Krankheiten litten. Eines der ersten in Stein erbauten Häuser des Beginenhofes stand in der Kerkstraat 14. Es handelt sich dabei um den „Konvent vom heiligen Geist", in dem Novizinnen untergebracht waren.

In einigen Beginenhäuschen haben unterdessen Künstler ihre Ateliers eingerichtet, die diese ab und an der Öffentlichkeit zugänglich machen. Die ehemalige Krankenanstalt und der „Konvent der Apostel" – in diesem lebten zwölf wenig begüterte Beginen – dienen der Stadt heute als Kulturzentrum, in dem Konzerte

Skulptur im Beginenhof: Erinnerung an die letzten beiden Beginen in Diest

und Ausstellungen stattfinden. Außerdem kann man sich im Beginenhof auch in die hohe Schule der Kochkünste einweihen lassen, seitdem das Flämische Zentrum für Esskultur in einem der Häuschen eröffnet wurde. Die Skulptur „Die Beginchen", die vor der Kirche steht, erinnert uns heute an die beiden Beginen, die 1923 als letzte der Bewohnerinnen den Beginenhof verließen.

Kurz & kompakt

Tourismusinformation

Toerisme Diest
Stadhuis
Grote Markt 1
3290 Diest
Tel.: 013-35 32 73
E-Mail: toerisme@diest.be
www.toerismediest.be

Sehenswürdigkeiten

Sint-Catharinakerk

Kant- en textielcentrum im Beginenhof
Tel.: 013-33 40 02

Xaverius Vlaams centrum voor eet- en tafelcultuur
Heilige Geeststraat 11 – Begijnhof
3290 Diest
Tel.: 013-32 57 51
E-Mail: info@xaverius.be
www.xaverius.be

Unterkünfte

Hotel de Fransche Croon***
Leuvensestraat 26-28
3290 Diest
Tel.: 013-31 45 40
E-Mail: info@defranschecroon.be
www.defranschecroon.be

Jugendherberge Den Drossard
Sint-Jansstraat 2 a
3290 Diest
Tel.: 013-31 37 21
www.jeugherbergen.be

Camping De stille Kempen
Heide 39
3294 Molenstede (Diest)
Tel.: 013-33 37 86

Restaurants/Cafés

De Proosdij
Cleynaertstraat 14
3290 Diest
Tel.: 013-31 20 10
E-Mail: proosdij@belgacom.net

Radverleih

Provinciedomein „Halve Maan"
Leopoldvest 48
3290 Diest
Tel.: 013-31 15 28
E-Mail: provinciedomein.diest@vlaamsbrabant.be

Radtouren

Drie-Provinciënroute (60 km) und Rondje Diest (Rund um Diest, 30 km)

Der Beginenhof von Diest: das Luftbild zeigt die typische Bauweise der Höfe.

Tienen:
WELTERBE IN DER „SÜSSESTEN FLÄMISCHEN STADT"

Tienen ist die „süßeste flämische Stadt", werden doch hier jedes Jahr Tausende von Tonnen Zuckerrüben verarbeitet. Diesem Umstand verdankt die Stadt auch ihr Zuckermuseum am Grote Markt. Doch mit dem Titel Welterbe wurde nicht dieses Museum, sondern die imposante Kirche St. Germanus geadelt, auch wenn bis heute wenig von der ursprünglich aus dem 13. Jahrhundert stammenden romanischen Basilika mit ihren vier Türmen erhalten geblieben ist. Der Westbau gehört nicht zum Ursprungsbau, da er erst zwischen 1539 und 1600 errichtet wurde. Der wuchtig wirkende Turm erhielt seine barocke Spitze 1713. Neben romanischen Elementen findet man in diesem Sakralbau auch frühgotische Einflüsse wie etwa das Kreuzrippengewölbe im Westbau. Grundsätzlich wurde im Laufe der Zeit mehr und mehr eine Gotisierung der Kirche vorgenommen.

Das Glockenspiel der Stadt hängt im Kirchturm. Es ist, neben einem im königlichen Palais von Mafra (Portugal), das einzige erhaltene Glockenspiel, das aus der Glockengießerei Willem Witlockx stammt: 1961 wurde das Glockenspiel auf 54 Glocken aufgestockt, darin aufgegangen sind die 37 originalen Glocken von 1723.

Zuckermuseum

Kurz & kompakt

Tourismusinformation
Dienst Toerisme Tienen
Grote Markt 4
3300 Tienen
Tel.: 016-80 56 86
E-Mail: toerisme@tienen.be
www.tienen.be

Sehenswürdigkeiten
Zuckermuseum (Suikermuseum)
Grote Markt 3
3300 Tienen
Tel.: 016-80 56 66
E-Mail: suikermuseum.tienen@skynet.be
www.suikermuseum.be

Unterkunft
Alpha Hotel***
Leuvensestraat 95
3300 Tienen
Tel.: 016-82 28 00
E-Mail: info@alphahotel.be
www.alphahotel.be

Restaurant/Café
De Refugie
Kapucijnenstraat 75
3300 Tienen
Tel.: 016-82 45 32

Radverleih
Dienst Toerisme Tienen
Grote Markt 4
3300 Tienen
Tel.: 016-80 56 86
E-Mail: toerisme@tienen.be
www.tienen.be

Radtouren
Bietenroute (26,5 oder 42 km) verbindet Tienen mit Zoutleeuw und Landen, IJzerenwegroute (33 km), Suikerroute (25–55 km)

Zoutleeuw (Léau):
DEM BILDERSTURM ENTRONNEN

Wer auf die Liste des UNESCO-Welterbes schaut, wird erstaunt sein, dass die St.-Leonardus-Kirche (Sint-Leonarduskerk) unter den Rathäusern und Stadttürmen Flanderns als Welterbe aufgeführt ist. Doch die Tatsache, dass ein Kirchturm zugleich ein Stadtturm ist, ist durchaus keine Seltenheit: So sind die Kirchtürme der Liebfrauenkathedrale in Antwerpen und auch der Liebfrauenbasilika in Tongern sowie der Turm der Sint-Germanuskerk in Tienen allesamt auch Stadttürme und damit Teil des Welterbes „Stadttürme und Rathäuser in Flandern und Wallonien". Im Falle der vom Bildersturm verschont gebliebenen brabantischen Stadt Zoutleeuw ist es jedoch verwunderlich, dass nicht zusätzlich das zwischen 1530 und 1538 erbaute Rathaus mit in die Liste des Kulturerbes der Menschheit aufgenommen wurde. Auch die sich an das Rathaus anschließende mittelalterliche Tuchhalle, in der nicht nur Tuche gehandelt wurden, sondern einst auch das Korn der „Tafel vom heiligen Geist" lagerte, wurde nicht als Welterbe berücksichtigt.

St.-Leonardus-Kirche: vom Bildersturm verschont geblieben.

EINE KIRCHE FÜR DEN HEILIGEN LEONARDUS VON NOBLAT

Die St.-Leonardus-Kirche am Grote Markt entstand an der Stelle der um 1125 erbauten romanischen Kapelle gleichen Namens, die Benediktiner der Abtei Vlierbeek (bei Leuven) gestiftet hatten. 1231 wurde mit dem gotischen Kirchenbau begonnen, dessen Chor, Chorumgang und die offene Galerie die ältesten Teile des Bauwerks sind. Bis in das 16. Jahrhundert hinein wurde an der gotischen Kirche gebaut, ehe auch der Westgiebel, die Kapellen und das Seitenschiffen fertig gestellt waren.

Wer die Kirche von außen betrachtet, dem fallen die beiden in der Höhe und bezüglich des Turmhelms ungleichen massiven Türme auf: Der nördliche Turm, der mit einem spitzen Helm bekrönt ist, erscheint unvollendet und wird im Volksmund St.-Barbara-Turm genannt. In ihm befand sich 1452 das erste Glockenspiel mit sieben

Glocken. Der südliche Turm beherbergt das Geläut, darunter auch die 2,65 Tonnen schwere St.-Leonardus-Glocke von 1531. Der Glockenturm über der Vierung ist ein 1926 erfolgter Nachbau des 1530 entstandenen Turms, sein Glockenspiel besteht aus 24 Glocken. Die Kirche hat sowohl den Bildersturm als auch die Zeit der französischen Besatzung unbeschadet überstanden. Zahlreiche kostbare Kunstwerke wie die Osterkerzenständer aus Kupfer (1483) und das 18 Meter hohe Tabernakel (1552) in Gestalt einer gotischen Turmmonstranz mit Renaissance-Ausformungen lassen den einstigen Reichtum der Gestaltung erahnen. Dank dieser und anderer Kirchenschätze ist die St.-Leonardus-Kirche die einzige belgische Kirche mit originaler mittelalterlicher Innenausstattung.

Kurz & kompakt

TOURISMUSINFORMATION
DvT Zoutleeuw
Historisch Stadhuis
Grote Markt
3440 Zoutleeuw
Tel.: 011-78 12 88
E-Mail: toerisme@zoutleeuw.be
www.zoutleeuw.be

SEHENSWÜRDIGKEITEN
Rathaus
Ausstellung „Archäologische Funde aus dem Gebiet der Kleinen Gete"

UNTERKUNFT
Boyenhov
Mevr. Daisy Claes
Louis Claeslaan 4
3440 Zoutleeuw
Tel.: 011-78 21 31
E-Mail: vanleeuw@skynet.be

RESTAURANTS/CAFÉS
Taverne „De Pintelier"
Grote Markt 20
3440 Zoutleeuw
Tel.: 011-78 48 71
E-Mail: depintelier@hotmail.com
www.depintelier.be

RADVERLEIH
Provinciedomein „Het Vinne"
Ossenwegstraat 70
3440 Zoutleeuw
Tel.: 011-78 18 19
E-Mail: provinciedomein.zoutleeuw@vlaamsbrabant.be

RADTOUREN
Boomgaardenroute (44 km) durch das Obstanbaugebiet von Flämisch Brabant, Bietenroute (42–26,5 km) zwischen Zoutleeuw, Landen und Tienen, am Nordrand des Haspengaus

Sint-Truiden (Saint-Trond):
EIN BEGINENHOF IM GEDENKEN AN DIE HEILIGE AGNES

Der Beginenhof, der nur noch sehr unvollständig erhalten geblieben ist, liegt weit entfernt vom Stadtkern an der Nordseite der Stadt. Geweiht ist der Beginenhof mit seiner sehr sehenswerten Kirche der heiligen Agnes. Nach dem Willem van Rijkel, der Abt der Abtei von Sint-Truiden, den Grund und Boden gestiftet hatte,

Schlossportal

wurde der außerhalb der Stadtmauern liegende Beginenhof 1258 errichtet und mit einer Backsteinmauer umschlossen.

Wichtig war für die frommen Frauen, die sich zusammengeschlossen hatten, um gemeinsam zu leben, nicht nur eine ausreichend große Bleichwiese. Vielmehr brauchten sie das Wasser des Cicindria-Baches, denn mit Waschen und Bleichen verdienten sie schließlich ihren Unterhalt. Neben der Kirche ist noch die ehemalige, im Kern aus dem 16. Jahrhundert stammende Pförtnerwohnung nebst Stallungen und Scheune erhalten. Die so genannten Konvente in den Nummern 57 bis 60, die als Gemeinschaftsunterkünfte der Beginen genutzt wurden, befinden sich an der Südseite der Hofanlage und stammen von 1780. Außerdem existieren noch das so genannte Torhaus in Nr. 8 (1619), in dem vermutlich einst die Vorsteherin der Beginen lebte, und außerdem die ehemalige „Tafel des heiligen Geistes" (um 1730). Bettlägerige und sozial schwache Beginen fanden in diesem „Krankenhaus" ihr Obdach. Das ehemalige Gotteshaus der heiligen Dreifaltigkeit in Nr. 30 war Unterkunft für fünf arme Mädchen und wurde im 17. Jahrhundert errichtet. Wie an anderen Orten auch mussten die Beginen ihre Häuser nach 1798 verlassen, da ihr Besitz durch die französische Besatzungsmacht säkularisiert wurde.

Die Kirche, die seit 1970 im Eigentum der Provinz Limburg ist, weist sowohl spätromanische als auch frühgotische Stilmerkmale auf und wurde zwischen 1258 und 1609 erbaut. Der Chor mit der Paradies-

Mittelalterliche Wandmalerei in der Beginenhofkirche

pforte – durch sie wurden die Särge verstorbener Beginen aus der Kirche auf den Friedhof getragen – wurde um 1300 vollendet. Im 15. Jahrhundert nahm man eine Umgestaltung der Kirche vor, bei der das Gotteshaus gotisches Maßwerk und ein hölzernes Tonnengewölbe erhielt. Der Westteil der Kirche war den gewöhnlichen Kirchgängern vorbehalten, die Kirchenmitte war den Beginen vorbehalten.

Zwar ist die Orgel von 1656 einmalig, da sie die älteste bespielbare Orgel Belgiens ist. Aber von nicht geringerer Bedeutung sind die Wand- und Pfeilermalereien aus dem 13. bis 17. Jahrhundert, die zufällig 1860 wieder entdeckt wurden. Sie zeigen vornehmlich Szenen aus dem Leben Marias, wie die Krönung Marias durch die heilige Dreifaltigkeit oder weiblicher Heiliger, wie die Folterung der heiligen Agatha.

Kurz & kompakt

Tourismusinformation
Toerisme Sint-Truiden
Stadhuis
Grote Markt
3800 Sint-Truiden
Tel.: 011-70 18 18
E-Mail: info.toerisme@sint-truiden.be
www.sint-truiden.be

Sehenswürdigkeiten
Beginenhofkirche
Provinciaal Centrum voor Cultureel Erfgoed
Tel.: 011-23 75 75
Festraetsstudio (im Beginenhof)
Astronomische Uhr (1937–1942) im Foyer
Informationen zur Beginenhofkirche
Tel.: 011-68 87 52 und 70 18 18

Unterkunft
Hotel Cicindria***
Abdijstraat 6
3800 Sint-Truiden
Tel.: 011-68 13 44
E-Mail: info@cicindria-hotel.be
www.cicindria-hotel.be

Restaurants/Cafés
Place Verte
Grote Markt 65
3800 Sint-Truiden
Tel.: 011-69 67 00
www.placeverte.be

Elf Uren Mis
Heilig Hartplein 4
3800 Sint-Truiden
Tel.: 011-68 21 49
E-Mail: info@de-elf-uren-mis.be
www.de-elf-uren-mis.be

Radverleih
Bahnhof Sint-Truiden
Stationsplein
Tel.: 29 67 75

Radtouren
Fietsroutenetwerk Haspengouw (Infokiosk Grote Markt), Trudo-Route (Süd und Nord, je 43 km)

Tongern (Tongeren/Tongres):
WELTERBE IN DER STADT DES AMBIORIX

Ob nun Tournai oder Tongern die älteste Stadt Belgiens ist, ist ein ewiger Streit. Gewiss jedoch geht Tongern auf eine römische Siedlungsanlage zurück, deren Spuren wie die Reste der römischen Stadtmauer im Stadtbild bis heute sichtbar sind.

Hier hat die UNESCO gleich dreimal einen Titel als herausragendes Welterbe vergeben: dem Beginenhof, dem anstelle der zerstörten Tuchhalle erbauten klassizistische Rathaus von 1737–1750 und der Liebfrauenbasilika (Onze-Lieve-Vrouwebasiliek), die nicht zu übersehen am Großen Markt (Grote Markt) steht.

EIN GOTISCHER TRAUM

Die Liebfrauenbasilika entstand zwischen 1240 und 1544 im Stil der Brabanter Gotik und wurde anstelle einer romanischen Klosterkirche aus Mergelstein errichtet. Der 64 Meter hohe, ursprünglich freistehende Turm dieses Gotteshauses ist zugleich Kirchturm und Stadtturm. Auf Rechnung der Stadt wurde der Turmbau 1442 begonnen. Nach der Vollendung des Baus um 1586 wurde das alte Glockenspiel im Turm installiert, der bei einem Brand 1677 zerstört und 1691 wieder aufgebaut wurde. Durch die hohen Schallöffnungen ist das Glockenspiel mit seinen heute 42 Glocken gut zu hören.

Turm der Liebfrauenbasilika

Der „gotische Traum", der im 19. Jahrhundert mit dem Aufsatz eines achteckigen steinernen Turmhelms verwirklicht werden sollte, blieb unerfüllt: Er wurde lediglich bis in eine Höhe von neun Metern realisiert. Anstelle der ursprünglich geplanten Turmspitze endet der Turm mit einer von einer Balustrade gefassten Plattform. An seiner obersten Etage wurden außerdem steinerne Engel und Propheten platziert. Schließlich fügte man dem Turm im zweiten Geschoss noch eine neogotische Galerie mit einer

Ambiorix-Statue

Marienstatue hinzu. Betrachtet man den Turmaufbau, so fällt auf, dass er in den Obergeschossen aufgelockert erscheint. Blinde Spitzbogenfenster und dekoratives Maßwerk sind die charakteristischen Gestaltungselemente und Beispiel für die maasländische Gotik.

„Onder der Linde"
Liess es sich gut leben

Die heutige bauliche Gestaltung des der heiligen Katharina geweihten und im 13. Jahrhundert gegründeten Straßenbeginenhofes geht auf das 17. und 18. Jahrhundert zurück. Dabei ist die Architektur der Wohnhäuser der Beginen, die aus Back-, Sand- und bläulichem Kalkstein errichtet wurden, durch die Renaissance geprägt.

Der älteste Teil des Hofes – er liegt im Südosten der Stadt an einem Altarm der Jeker – ist der Platz Onder de Linde. 1262 wurde nach den Gemeinschaftshäusern, in denen die Beginen in einem gemeinsamen Schlafsaal nächtigten, die „Krankenanstalt" gestiftet und der Beginenhof mit einer Mauer gegenüber der übrigen Stadt abgeschlossen. Die Beginenhofkirche entstand im romanisch-gotischen Übergangstil im letzten Viertel des 13. Jahrhunderts aus Feuer- und Kalkstein. Nach und nach wuchs die Anzahl der Beginen, sodass der Beginenhof zeitweilig sogar vier Vorsteherinnen hatte. Der Beginenhof blieb über Jahrhunderte von Brandschatzungen weitgehend verschont, wenn auch die Konfiszierung durch die französischen Besatzer 1797 einen Einschnitt markierte. 1818 wurde das Hoftor ausgehängt, Jahre später das Torgebäude abgetragen. Zu diesem Zeitpunkt lebten noch etwa 40 Beginen in der Gemeinschaft. Heute ist der Beginenhof

Ehemaliger Beginenhof

längst Teil der Stadt und eine begehrte Wohnadresse, doch die hohen Mauern der Vorgärten und die Beginenhäuser lassen auf die ursprüngliche Nutzung schließen. Noch immer existieren das 1658 erbaute so genannte Gotteshaus, in dem einst bis zu zwölf Novizinnen lebten, und die „Krankenanstalt" in der Sint-Ursulastraat. Die Herberge „De Pelgrim" mit ihrem schmucken Treppengiebel, in der deftige flämische Küche gepflegt wird, rundet das schmucke Ambiente des einstigen Beginenhofs ab.

Kurz & kompakt

Tourismusinformation
Toerisme Tongeren
Stadhuisplein 9
3700 Tongeren
Tel.: 012-39 02 55
E-Mail: info@toerismetongeren.be
www.tongeren.be

Unterkünfte
Ambiotel**
Veemarkt 2
3700 Tongeren
Tel.: 012-26 29 50
E-Mail: info@ambiotel.be
www.ambiotel.be

Jugendherberge Begeinhof
Sint-Ursulastraat 1
3700 Tongeren
Tel.: 012-39 13 70
E-Mail: info@jeugdherberg-tongeren.be
www.jeugdherberg-tongeren.be

Restaurants/Cafés
Hotel-Restaurant Lido
Grote Markt 19
3700 Tongeren
Tel.: 012-23 19 48

Herberg De Pelgrim
Brouwersstraat 9
3700 Tongeren
Tel.: 012-23 83 22

Radverleih
Gratisräder gegen Pfand bei
Toerisme Tongeren

Binche:
NICHT NUR DIE STADT DES KARNEVALS

Über die Stadtgrenzen hinaus ist Binche für sein munteres Karnevalstreiben bekannt, das die UNESCO im Dezember 2003 als mündliches und immaterielles Welterbe gewürdigt hat. Dies ist eine Ehre, die sich der Karneval in Binche mit dem Königlichen Ballett von Kambodscha, dem Marionettentheater Opera dei Pupi (Italien) und dem Jemaa el-Fna in Marrakesch (Marokko) teilt.

GLOCKENKLANG UND NARRETEIEN

Kostüme in Schwarz-Rot-Gold mit roten Löwen beherrschen die Szenerie, wippende Straußenfedern bewegen sich im Takt der Trommelschlägel, Holzpantinen stampfen über das Pflaster –

es ist der „Fette Dienstag", der Höhepunkt des Karnevalstreibens. Man feiert das Ende des Winters mit Festumzügen, an denen Hunderte von Kostümierten teilnehmen. Im Mittelpunkt stehen seit Jahrhunderten die Gilles, die den Zuschauern Orangen schenken. Ihre Gesichter haben sie hinter Wachsmasken mit Nickelbrillen mit grünen Gläsern ver-

Gille

borgen. Neben den Gilles sind es die „mam'zèles", als Frauen verkleidete Männer, und die „binchous", als Männer verkleidete Frauen, die den Karneval in Binche einmalig machen. Ein Jahr lang dauern die Vorbereitungen, um das Spektakel zu dem zu machen, was es ist. Und wenn wieder Ruhe in der Stadt eingekehrt ist, dann kann man das muntere „Treiben der Narren" in einem Museum bewundern, das sich den weltweit verbreiteten Narreteien des Karnevals und den Maskenbräuchen verschrieben hat.

Neben dem Karneval von Binche gilt unsere Aufmerksamkeit dem Glockenturm der Stadt, der Teil des Rathauses und Welterbe ist. Er wurde im 14. Jahrhundert im Renaissancestil erbaut, musste dann jedoch, nachdem er im Zuge der französischen Besetzung der Stadt zerstört worden war, 1554 wieder aufgebaut werden.

Ein neoklassizistisches Gesicht erhielten Rathaus und Turm im 18. Jahrhundert, ehe 1901 die ursprüngliche Renaissance-Architektur wieder hergestellt wurde. Bis heute schmücken die Wappen von Kaiser Karl V. und von dessen Schwester Maria von Ungarn dieses Baudenkmal.

Kurz & kompakt

Tourismusinformation
Office du Tourisme de Binche
„Caves Bette"/Parc communal
rue des Promenades 2
7130 Binche
Tel.: 064-33 67 27
E-Mail: tourisme@binche.be
www.binche.be

Sehenswürdigkeiten
Glockenturm als Teil des Rathauses
rue Hôtel de Ville, Grand-Place
Tel.: 064-33 67 27

Karneval von Binche
www.carnevaldebinche.de

Museen
Musée International du Carnaval et du Masque
rue Saint Moustier 10
7130 Binche
Tel.: 064-33 57 41
E-Mail: reservation@museedumasque.be
www.museedumasque.be

Unterkunft
Hotel des Remparts**
rue Saint-Paul, 28
7130 Binche
Tel.: 064-33 55 71
E-Mail: hoteldesremparts@proximedia.be

Thuin:
EIN WELTERBE IM „STIEFEL DES HENNEGAUS"

In der Nähe der Grenze zu Frankreich, im „Stiefel des Hennegaus", liegt, um ein anschauliches Bild zu nutzen, ein „hängender Garten mit Stadtturm". Dabei handelt es sich um das einst mit Wehranlagen geschützte und zum Fürstbistum Lüttich gehörende Thuin, das aus einer Ober- und einer Unterstadt besteht.

In der einst durch Mauern des 17. Jahrhunderts geschützten Oberstadt stoßen wir unter anderem auf die Fluchthäuser der Abteien von Aulne und Lobbes sowie den Stadtturm, der eigentlich der Kirchturm der 1811 abgerissenen Stiftskirche der heiligen Maria und des heiligen Theodard ist. Gebaut wurde der Turm 1639. Seit 1667 hatten sowohl der Rat der Stadt als auch die Kapitelherren Zugang zu ihm. Doch die gemeinsame Nutzung gestaltete sich nicht konfliktfrei. Erst mit der Französischen Revolution gelangte der Turm in den alleinigen Besitz der Stadt, da zu diesem Zeitpunkt aller

Hängende Gärten von Thuin mit Belfried

Kirchenbesitz säkularisiert wurde. Der 1662 und 1754 erneuerte Turm reckt sich 65 Meter in die Höhe. Seine Spitze besteht aus einem viereinhalb Meter hohen Kreuz und einem vergoldeten Wetterhahn.

Bis heute lassen sich am Turm die Inschriften „DECANUS ET/CAPITULUM/ECCLESIAEA" (Dekan und Kapitel der Kirche) und „COLLEGIATAE/THUDINIENSIS/AN 1639" Stiftskirche zu Thuin, 1639) entziffern, die Auskunft sowohl über das Baujahr und als auch die Nutzer geben.

Kurz & kompakt

TOURISMUSINFORMATION

Office du Tourisme
place Albert 1er 2
6530 Thuin
Tel.: 071-59 54 54
E-Mail: thuin@office-tourisme.org
www.thuin.be

SEHENSWÜRDIGKEITEN

Stadtturm (Beffroi)
place Albert 1er

UNTERKUNFT

Le Moulin du Bas Marteau
avenue de Ragnies 86
6530 Thuin
Tel.: 071-59 50 91

Charleroi:
EIN GLOCKENTURM DER MODERNE

Nichts ist mehr von der einstigen Festungsstadt übrig geblieben. Auch die Blütezeit der Schwerindustrie gehört der Vergangenheit an. Die Erinnerung an diese Zeit von Kohl und Stahl hält das museal umgestaltete Bergwerk Bois du Cazier wach, das am 8. August 1956 das schwerste Grubenunglück der belgischen Geschichte erlebt hat. Wer die Stadt besucht, bekommt den Eindruck, als liege sie in einem Dornröschenschlaf.

Dabei darf nicht übersehen werden, dass Charleroi zahlreiche interessante Museen, zum Beispiel das Museum der Schönen Künste und das Glasmuseum, besitzt. Unter Liebhabern der Fotokunst ist das Musée de Photographie mit seinen 50.000 archivierten Bilddokumenten, darunter experimentelle Arbeiten der belgischen Surrealisten, ein Geheimtipp. Und seit 1938, als Jean Dupuis die ersten Comics von „Spirou" in Druck gab, ist Charleroi den Bildgeschichten verbunden.

In der Oberstadt, am Place Charles II., steht das Rathaus. Es wurde 1936 im Stil des Neobarock und des Art déco erbaut. In diesem Verwaltungsbau zeigt das Musée des Beaux-Arts unter anderem Arbeiten

Das Rathaus von Charleroi

der bekannten belgischen Surrealisten René Magritte und Paul Delvaux sowie der sozialen Realisten, etwa von Constantin Meunier. Doch kommen wir zum Grund unseres Besuchs: An das Rathaus angefügt ist ein 70 Meter hoher Glockenturm mit einem Glockenspiel, das aus 47 Glocken besteht. Dieser Turm ist neben dem von Eeklo ein neuzeitlicher Vertreter aus der Liste denkmalgeschützter und zum Welterbe erklärter Glocken- und Stadttürme Belgiens.

Kurz & kompakt

Tourismusinformation
Office du Tourisme
avenue Mascaux,100
6001 Marcinelle
Tel.: 071-86 61-52 bis -56
E-Mail: office.tourisme@charleroi.be
www.charleroi.be

Pavillon du Tourisme
square Gare du Sud
6000 Charleroi
Tel.: 071-31 82 18

Sehenswürdigkeiten
Musée des Beaux-Arts
Rathaus/Hôtel de Ville, 2. Stock
place Charles II.
6000 Charleroi
Tel.: 071-86 11-32, -34, -36
E-Mail: mba@charleroi.be
www.charleroi-museum.org

Musée de la Photographie
avenue Paul Pastur 11
6032 Charteroil (Mont-sur-Marchienne)
Tel: 071-43 58 10
www.museephoto.be

Basilika St. Christophe in Charleroi

Unterkunft
Business Hotel***
boulevard Mayence,1a
6000 Charleroi
Tel.: 071-30 24 24
E-Mail: info@businesshotel.be
www.businesshotel.be

Namur (Namen):
EIN TURM FÜR DEN HEILIGEN JAKOB

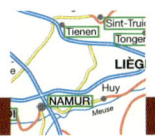

Nein, nicht die mächtige Zitadelle, die erst 1977 ihre militärische Nutzung verlor, wurde mit dem Titel „Welterbe" geadelt. Auch die satirisch-erotischen Zeichnungen von Félicien Rops, die in einem eigenen Museum präsentiert werden, haben sich diese Weihen nicht verdient. Vielmehr ist es der Stadtturm der heutigen wallonischen Hauptstadt. Der 1733 erbaute, mit einem achteckigen Schieferhelm und einer Laterne gekrönte Turm ist erst seit 1846 Stadtturm. Er steht hinter der Börse am Place d'Armes auf den Resten eines 1388 als Wehrtor erbauten Rundturms. Dieser war ursprünglich 32 Meter hoch und mit massiven Mauern ausgestattet. Zu jener Zeit trug er den Namen Tour Saint-Jacques.

Kurz & kompakt

TOURISMUSINFORMATIONEN
Office du Tourisme
Rathaus/Hôtel de Ville
5000 Namur
Tel.: 081-24 64 44
E-Mail: tourisme@ville.namur.be
www.ville.namur.be

Maison du Tourisme de Namur
square Léopold
5000 Namur
Tel.: 081-24 64 49

SEHENSWÜRDIGKEITEN
Stadtturm/Beffroi
rue de Beffroi 4
Tel.: 081-21 04 60
Besuch nur für Gruppen nach vorheriger Anmeldung

UNTERKÜNFTE
Chateau de Namur**
avenue de l'Ermitage 1
5000 Namur
Tel.: 081-72 99 00
E-Mail: info@chateaudenamur.be
www.chateaudenamur.com

Les Tanneurs de Namur
rue des Tanneries 13
5000 Namur
Tel.: 081-24 00 24
E-Mail: info@tanneurs.com
www.tanneurs.com

Luxemburg-Stadt:
DAS GIBRALTAR DES NORDENS

Trutzig erscheint die Festung, die die Oberstadt einst gegen einen feindlichen Angriff abschirmte, war sie doch auf drei Seiten von den tiefen Tälern der Petruß und der Alzette umgeben und so fast vollkommen unzugänglich. In der Unterstadt dagegen, im Tal der Flüsse, ging das Leben im Schatten von hoch aufragenden Felsen seinen Gang. Kein Geringerer als Joseph Mallord William Turner (1775–1851) hat die beeindruckende Feste Luxemburg-Stadt auf seinen Reisen, die er 1817 und 1839 unternahm, zunächst in feinen Bleistiftzeichnungen skizziert und dann in seinem Londoner Atelier zu Aquarellen und Gouachen umgearbeitet. Schon das Skizzieren gelang Turner nur unter Mühen: Hätte er nicht gewartet, bis ihm die Wachen der Festung den Rücken zuwendeten, so wäre er auf der Stelle verhaftet worden. Außerdem verbarg er seinen Skizzenblock während des Zeichnens unter seinem Frack, brachte also „blind" das, was er sah, aufs Papier.

Herbst in der Festungsstadt

Mit dem Skizzenblock durch Luxemburg

Turner gelang es in seinen Luxemburg-Ansichten durch isolierte Menschen und Personengruppen, die Festung noch Furcht erregender erscheinen zu lassen, als sie in Wirklichkeit war.

Nicht nur Turner hielt sich in Luxemburg auf, sondern auch der Schöngeist Johann Wolfgang von Goethe. Sein Besuch stand im Zusammenhang mit dem Feldzug gegen das revolutionäre Frankreich. Auf dem Rückzug der Truppen des Herzogs Carl-August von Sachsen-Weimar bezog Goethe Quartier in der Nähe des Fischmarkts. Goethe schreibt: „... mir verschaffte der gewandte Quartiermeister (...) ein hübsches Zimmer, das aus dem engsten Höfchen, wie aus einer Feueresse, doch bei sehr hohen Fenstern genugsames Licht erhielt." Auch wenn Goethe von den Kriegsereignissen mitgenommen war, so scheint er dennoch von der Festungsstadt beeindruckt gewesen zu sein: „Wer Luxemburg nicht gesehen hat, wird sich keine Vorstellung von diesen an- und übereinander gefügten Kriegsgebäuden machen." Goethe ließ sich 1792 bei einem achttägigen Aufenthalt ebenfalls dazu anregen, die Festungsstadt zu zeichnen. Doch auch er durfte nicht vor Ort skizzieren, sondern brachte die Eindrücke aus dem Gedächtnis heraus in seinem Quartier zu Papier. So entstand unter anderem „Corniche mit Vorstadt Grund", eine Ansicht, die der Besucher von heute beim Spaziergang durch die Montée du Grund nachvollziehen kann.

Blick von der Unterstadt hinauf auf die mächtigen Festungsanlagen

Blick auf den Bockfelsen mit den Bockkasematten: unterwegs auf dem Wenzelrundweg

Kirchtürme, Brückenschläge und Festungsmauern

Ohne Brückenschläge zwischen der Oberstadt und den anderen Vierteln der Hauptstadt des Großherzogtums Luxemburg, 1995 Europas Kulturhauptstadt und die europäische Bankenmetropole schlechthin, wäre das Leben sehr beschwerlich. Auch ein Aufzug von der Unterstadt in die Oberstadt erleichtert den Alltag. Neben der Adolphbrücke, die die Altstadt mit dem Bahnhofsviertel verbindet, und der Grande-Duchesse-Charlotte-Brücke zwischen Stadtzentrum und Bankenviertel auf dem Kirchberg sind es die dicken Festungsmauern und die Kasematten, die das Stadtbild prägen. Hinzu kommen die charakteristischen Kirchtürme und das hoch aufragende Europäische Zentrum.

Gemächlich schlängelt sich die Alzette an der St.-Johannes-Kirche und der ehemaligen Benediktinerabtei von Neumünster vorbei. Kopfsteingepflastert sind zahlreiche pittoreske Gässchen der Altstadt, die sich zur „Akropolis von Luxemburg", dem Bockfelsen, emporwinden. Hier wie auch an anderen Stellen der Stadt hat die Militärarchitektur für das urbane Gesicht Luxemburgs gesorgt: eine Anlage von 40.000 Quadratmetern Kasernen, Pulverlagern und Magazinen.

Zu diesem Ensemble gehören auch das Fort Thüngen (Thungen), auch „Dräi Eechelen" (Drei Eicheln) genannt, und die Wenzelsmauer, die im 14. Jahrhundert entstand, ganz abgesehen von den Kasematten, die unter österreichischer Herrschaft (1726–1740) angelegt wurden.

Die Festungsstadt faszinierte die europäischen Heerführer und berühmte Militärarchitekten wie den grandiosen Militärbaumeister des Sonnenkönigs Ludwig XIV., Sébastien le Prestre de Vauban

Grossherzoglicher Palast von außen

Unterwegs im Tal der Petrusse

(1633–1707), der mit seinen Plänen zum weiteren Ausbau der Kasematten und Bastionen beitrug. Ein Zeitzeuge, der Abgeordnete Lazare Carnot, äußerte sich in der Französischen Nationalversammlung des Jahres 1795 wie folgt: „Wer Luxemburg hält, hält seinem Feind nicht nur die neben Gibraltar stärkste und gefährlichste Befestigungsanlage vor, sondern schützt gleichzeitig seine eigene Grenze."

AUF DEM WENZELRUNDWEG UNTERWEGS

Nach der Entfestung der Stadt in den Jahren 1867 bis 1883 sind die Wachen vor dem Grundtor und dem Trierer Tor abgerückt. Der Hall der Kanonen ist längst verstummt, der Pulverdampf verflogen. In einen tiefen Dornröschenschlaf sind die zahlreichen Schanzen und Halbmonde versunken. Doch: Wer heute auf dem ausgeschilderten Wenzelrundweg unterwegs ist, kann eine Zeitreise unternehmen und in 100 Minuten die tausendjährige Geschichte Luxemburgs erleben. Dabei ist

Ein Blick vom Bockfelsen auf Wenzelsmauer und Tutesall

der Bockfelsen der Ausgangspunkt des historischen Spaziergangs. Unterwegs sieht man unter anderem die Schlossbrücke (1735), die nach Plänen von Vauban befestigte Corniche, das Grundtor, die ursprünglich 875 Meter lange Wenzelmauer mit ihren 37 Türmen und 15 Toren, die Krudelspforte, die Abtei Neumünster – 1869 bis 1984 als Männergefängnis genutzt und heute ein Kulturtreff –, das 1590 erbaute Trierer Tor und die Dinselpforte, auch „Altes Trierer Tor" genannt.

Im Zentrum der Oberstadt residierte die weltliche Macht in dem im Renaissancestil erbauten Großherzoglichen Palais. Nicht weit davon entfernt erinnert das alte Jesuitenkolleg mit der hochgotischen Liebfrauenkathedrale an die tragende Rolle der katholischen Kirche des Landes. In der Oberstadt befinden sich auch das in den Felsen gebaute Museum der Geschichte der Stadt Luxemburg und das Nationalmuseum für Geschichte und Kunst. Schmucke und verwinkelte Gässchen wie die Rue Large und lauschige Plätze lassen die Zeiten vergessen, als eine 4000 Mann starke Garnison aus dem Bild der Stadt nicht wegzudenken war. Unübersehbar ist bis heute der Stolz der Luxemburger: Die Schlusszeile der Festkantate, mit der am 4. Oktober 1859 der erste Eisenbahnzug von Luxemburg aus ins

Wie Nadelspitzen ragen die Türme der Liebfrauenkathedrale empor.

benachbarte Ausland verabschiedet wurde, schmückt einen bauchigen Erker: „Mir wele bleiwe wat mer sin" – „Wir wollen bleiben, was wir sind".

Luxemburg bei Nacht

Kurz & kompakt

TOURISMUSINFORMATION
Luxembourg City Tourist Office
place d' Armes
Postfach 181
2011 Luxemburg
Tel.: 0352-22 28 09
E-Mail: touristinfo@lcto.lu
www.lcto.lu

Office National du Tourisme
B.P. 1001
Bahnhofsvorplatz (Gare Centrale)
1010 Luxemburg
Tel.: 0352-42 28 28-21
E-Mail: info@ont.lu
www.ont.lu

MUSEEN
**Museum der Geschichte
der Stadt Luxemburg**
rue du Saint-Esprit 14
2090 Luxembourg
Tel.: 0352-47 96 45 00
E-Mail: musee@musee-hist.lu
www.musee-hist.lu

**Nationalmuseum für Geschichte
und Kunst**
Marché-aux-Poissons
2345 Luxembourg
Tel.: 0352-479 33 01
E-Mail: musee@mnha.etat.lu
www.mnha.lu

**Musée National d'Histoire et d'Art
Nationalmuseum für Naturgeschichte**
rue Munster 24
2160 Luxembourg
Tel.: 0352-462 23 31
E-Mail: questions@mnhn.lu
www.mnhn.lu

UNTERKÜNFTE
Hotel Albert Premier****
rue Albert 1er 2a
1117 Luxembourg
Tel.: 0352-442 44 21
E-Mail: info@albert1er.lu
www.albert1er.lu

Hotel Carlton***
rue de Strasbourg 7-9
2561 Luxembourg
Tel.: 0352-29 96 60
E-Mail: carlton@pt.lu
www.carlton.lu

**Jugendherberge Luxemburg-City
Hostel**
rue du Fort Olisy 2 (Bus Nr. 9)
2261 Luxembourg
Tel.: 0352-22 68 89 20
E-Mail: luxembourg@youthhostels.lu

RESTAURANTS/CAFÉS
Brasserie L'Ancre d'Or
rue du Fossé 23
1536 Luxembourg
Tel.: 0352-47 29 73
E-Mail: reservation@ancre.lu
www.ancre.lu

Restaurant Chiggeri
rue du Nord 15
2229 Luxembourg
Tel.: 0352-22 99 36
E-Mail: chiggeri@pt.lu
www.chiggeri.lu

Chalet 3 Eechelen
rue du Fort Thuengen 20
1499 Luxembourg
Tel.: 0352-43 52 83
E-Mail: info@chalet3eechelen.lu
www.chalet3eechelen.lu

RADVERLEIH
Vélo en ville
Bisserwee 8
1238 Luxembourg
Tel.: 0352-47 96 23 83
Ostern bis Okt.: täglich 10–12, 13–20 Uhr

Eine Inschrift als Ausdruck des Selbstbewusstseins

Der Kölner Dom:
EIN GOTISCHER HIMMELSSTÜRMER AM RHEIN

Wer mit der Bahn nach Köln reist und im Hauptbahnhof den Zug verlässt, der kann den wohl mächtigsten gotischen Sakralbau Deutschlands gleichsam mit den Händen greifen, ist es doch nur einen Katzensprung von den Bahnsteigen hinüber zur Domplatte. Auf ihr erhebt sich der Himmelsstürmer, reckt sich mit seinen Turmspitzen in den Himmel: Der Nordturm schafft es auf 157,38 Meter, der Südturm ist nur sieben Zentimeter kleiner. Auch die sonstigen Ausmaße der Kirche sind beeindruckend: Die Gesamtbreite außen beträgt stolze 86,25 Meter; das Querhaus erhebt sich auf eine Höhe von 69,95 Metern. Würde man die Fensterflächen addieren, so käme man auf 10.000 Quadratmeter, und der umbaute Raum ohne Strebwerk umfasst 407.000 Kubikmeter. Angesichts dieser gewaltigen Dimensionen wird der Mensch zu einem Menschlein, muss beim Betrachten der lichten Höhe des Bauwerks den Kopf in den Nacken legen und wird doch nicht aller Details des Bauwerks gewahr. Unentdeckt von den Augen der ungezählten Besucher thront beispielsweise John F. Kennedy im Schaukelstuhl und in Schwindel erregender Höhe wurde auch der Dombaumeister vergangener Tage, Professor Dr. Arnold Wolff, verewigt, wie er das mächtige Steingebirge erklimmt. Schließlich soll es auch Fußball spielende Gören als Bauschmuck geben. Wer diese entdecken möchte, sollte beim Dombesuch unbedingt ein Fernglas mitnehmen.

GENERATIONENAUFGABE DOMBAU

Generationen von Dombaumeistern und Bauhandwerkern waren seit der Grundsteinlegung im Jahr 1248 mit dem Bau des gotischen Doms beschäftigt, ganz abgesehen von Schreinern, Glasmalern, Goldschmieden und Schmieden. Gebaut wurde

Unter einem steinernen Baldachin: eine der zahlreichen Skulpturen der Domfassade

Blick vom Deutzer Rheinufer auf den Kölner Dom und das Museum Ludwig, rechts die Hohenzollernbrücke

mit Unterbrechungen: 1560 wurde das „Jahrtausendprojekt" aus Geldmangel eingestellt, wenn auch die Dombauhütte bestehen blieb. Für die nächsten Jahrhunderte behalf man sich mit einem Provisorium. Jahr für Jahr kamen Abertausende nach Köln, auch und gerade um die Reliquien der Heiligen Drei Könige zu bestaunen. Diese Kostbarkeit war von Erzbischof Reinald von Dassel 1164 nach Köln gebracht worden und soll der eigentliche Anlass gewesen sein, einen neuen Dom im Stil der französischen Hochgotik zu bauen. Der neue Kölner Dom sollte sie alle übertreffen, die Kathedrale von Chartres ebenso wie die von Amiens. Doch es bedurfte einer „nationalen Besinnung", ehe 1880 mit Spenden Kölner Bürger das „Nationalmonument" Kölner Dom fertig

gestellt war. Dass überhaupt nach historischem Vorbild der Dom vollendet werden konnte, ist dem mittelalterlichen Fassadenplan zu danken, der im frühen 19. Jahrhundert wieder entdeckt wurde. Die Fürsprache des preußischen Monarchen Friedrich Wilhelm IV. tat ein Übriges, um den Millionenbau zu realisieren.

BILDERGESCHICHTEN IN GLAS

Zur sehenswerten Innengestaltung des Doms gehören die Buntglasfenster wie das so genannte Pfingst- und das Anbetungsfenster. Zentralthema des Pfingstfensters ist die Herabkunft des Heiligen Geistes, die in den Architekturrahmungen von den vier Kardinaltugenden Stärke, Klugheit,

Weisheit und Mäßigung flankiert wird. Wer genau hinschaut, kann in der oberen Ecke des Hauptbildes das bayerische Wappen und die Stifterinschrift König Ludwigs I. von 1848 erkennen. Das Anbetungsfenster thematisiert die Anbetung der Hirten und die Anbetung der Heiligen Drei Könige sowie die Verkündigung an die Gottesmutter. Und in den hohen Glasfenstern des Obergadens des Hochchors erkennt man die 48 Könige des Alten Testaments.

WOHLKLANG IM DOM

Seit mehreren Jahren erklingt im Dom eine Langhausorgel, die in Schwalbennestform vor die nördliche Langhauswand gehängt wurde. Entworfen und gebaut wurde die mit 3963 Pfeifen versehene Orgel von der Firma Klais aus Bonn in Zusammenarbeit mit Dombaumeister Arnold Wolff. Zu hören ist die Domorgel bei freiem Eintritt im Rahmen „Sommerlicher Orgelfeierstunden" zwischen Mitte Juni und Anfang September.

SCHÄTZE DES DOMS

Der goldene Schrein der Heiligen Drei Könige – dieses Meisterwerk maasländischer Goldschmiedekunst aus dem 12./13. Jahrhundert befindet sich hinter dem Hochaltar – ist mit einem Gewicht von sechs Zentnern der größte Reliquienschrein des Abendlandes. Ein Teil dieses Kleinods der Sakralkunst stammt von Nikolaus von Verdun, darunter die Darstellung der Propheten an der Längsseite.

Auf das erste geschnitzte Großkreuz, das in der so genannten Kreuzkapelle hängende ottonische Gerokreuz (um 975), gehen alle Triumphkreuze mittelalterlicher Kirchen zurück. Das überlebensgroße Kruzifix – benannt nach seinem Stifter Erzbischof Gero – zeigt den mit Sinn für die menschliche Anatomie sorgfältig herausgearbeitete Christusfigur mit leidendem Antlitz. Juwelen sind die beiden Flügelaltäre des Doms, der Klarenaltar aus dem 14. Jahrhundert sowie der Stephan-Lochner-Altar-der-Stadtpatrone (um 1440), der in der Marienkapelle steht.

In der Domschatzkammer wird der größte Teil des kostbaren Kirchenschatzes aufbewahrt. Zu den ausgestellten Kostbarkeiten gehören Reliquiare, liturgische Geräte und

Ein Blick vom Museum Ludwig aus auf den Kölner Dom

Gewänder sowie Insignien der Erzbischöfe und Domgeistlichen vom 4. bis zum 20. Jahrhundert, darunter der kostbare Ornat des Kölner Erzbischofs Clemens August von Wittelsbach, der aus Anlass der Krönung Kaiser Karls VII. 1742 in Auftrag gegeben wurde. Besonders hinzuweisen ist auf den Petrusstab und die Petrusketten, bis zur Übertragung der Gebeine der Heiligen Drei Könige nach Köln im Jahr 1164 die bedeutenden Reliquien des Domes.

DER DOM IST BEDROHT

Ein Schatten hat sich unterdessen über den Dom gelegt, der für Köln nicht nur die Mitte der Stadt markiert, sondern auch Maßstäbe setzt. Die UNESCO hat den Dom auf die Rote Liste des Welterbes setzen lassen, weil ehrgeizige Kommunalpolitiker auf der anderen Rheinseite eine Bebauung favorisieren, die den Blick auf den Dom verstellen wird. Schon bei anderer Gelegenheit hat die UNESCO derartige Maßnahmen für deutsche Welterbestätten wie Trier und Potsdam angedroht. Es blieb jedoch bei der Drohung, da die jeweiligen Kommunalpolitiker von den allzu gewagten Bauplänen Abstand nahmen. Man darf gespannt sein, ob der Kommerz die Oberhand gewinnt oder ob sich die Einsicht durchsetzt, dass der freie Blick auf den Dom am Rhein gewahrt bleiben muss.

Dreikönigsschrein im Dom

DER KÖLNER DOM IN ZAHLEN

- Der gotische Bau wurde am 15. August 1248 begonnen.
- Am 15. Oktober 1880 kann der Dom nach über 600 Jahren vollendet werden
- Von 1880 bis 1888 war der Kölner Dom das höchste Gebäude der Welt
- Der Kölner Dom wurde 1996 in das Unesco-Welterbe aufgenommen
- 2004 wurden insgesamt 6 Millionen Besucher gezählt
- Der Dom gilt als die größte gotische Kathedrale überhaupt
- Größere Schäden erlitt der Dom während des Zweiten Weltkrieges, u.a. durch 14 Bombentreffer.
- Gesamtlänge außen   144,58 m
- Gesamtbreite außen   86,25 m
- Gesamthöhe   157,38 m
- Höhe des Nordturmes   157,38 m
- Höhe des Südturmes   157,31 m
- Innenhöhe der Mittelschiffe 43,35 m
- Innenhöhe der Seitenschiffe 19,80 m
- Überbaute Fläche geschätzt 7.914 m^2
- Fensterfläche geschätzt   10.000 m^2
- Dachfläche geschätzt   12.000 m^2
- Verbaute Steinmasse geschätzt 300.000 t
- Unterhaltskosten jährlich   zirka 10 Millionen €

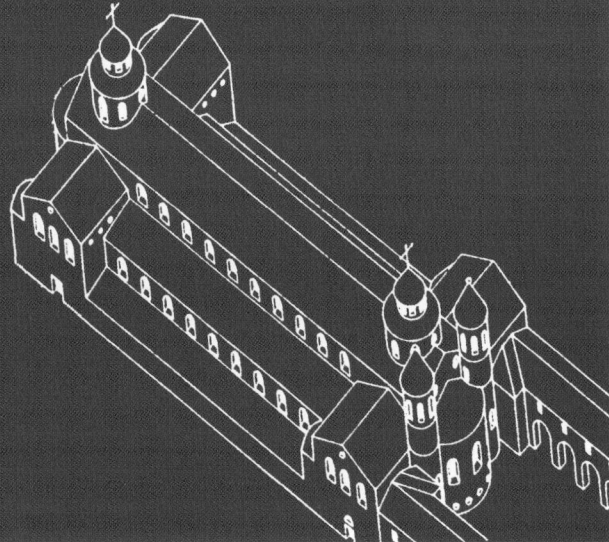

Kurz & kompakt

Tourismusinformation
Köln Tourismus
Unter Fettenhennen 19
(Gegenüber dem Dom)
50667 Köln
Tel.: 0221-221-304 00
E-Mail: info@koelntourismus.de
www.koelntourismus.de

Sehenswürdigkeiten
Kölner Dom
Tel.: 0221-17 94 03 00
www.koelner-dom.de

Domforum
Domkloster 3
50667 Köln
Tel.: 0221-92 58 17 30

**Dombauverwaltung der
Hohen Domkirche**
Roncalliplatz 2
50667 Köln
Tel.: 0221-17 94 03 00
E-Mail: info@dombauverwaltung.de
Domführungen auf dem hohen Dach, durch
die Grabung und die Schatzkammer, Infos
Dombauverwaltung: Mo–Do von 10–13 Uhr

Unterkünfte

Hotel Amsterdam***
Ursulastr. 4-8
50668 Köln
Tel.: 0221-13 60 77
E-Mail: hotel@hotel-amsterdam-koeln.de
www.hotel-amsterdam-koeln.de

Hotel Altera Pars
Thieboldsgasse 133/135
50676 Köln
Tel.: 0221-27 23 30
E-Mail: info@alterapars-koeln.de
www.alterapars-koeln.de

Hotel Fürstenberger Hof
Frankfurter Str. 61
51065 Köln
Tel.: 0221-96 20 60
E-Mail: info@hotel-fuerstenberger-hof.com
www.hotel-fuerstenberger-hof.com

Jugendherberge Köln-Deutz
Siegesstr. 5a
50679 Köln
Tel.: 0221-81 47 11
E-Mail: koeln-deutz@jugendherberge.de
www.koeln-deutz.jugendherberge.de

Brauhäuser

Gaffel Haus
Alter Markt 20–22
50667 Köln
Tel.: 0221-257 76 92
E-Mail: info@gaffel-haus.de
www.gaffel-haus.de

Wirtshaus Spitz
Neusser Str. 23 (am Eigelsteintor)
50670 Köln (Nordstadt)
Tel.: 0221-72 39 64

Brauhaus Em Kölsche Boor
Eigelstein 121-123
50668 Köln
Tel.: 0221-13 52 27

Brauhaus Haus Töller
Weyerstr. 96
50676 Köln
Tel.: 0221-258 93 16
www.haus-toeller.de

Augustusburg und Falkenlust in Brühl:
ZWEI SCHLÖSSER DES ROKOKO

Ein etwas verschlafenes Städtchen wäre das zwischen Bonn und Köln gelegene Brühl, gäbe es nicht mit dem deutschen Surrealisten Max Ernst (1891–1976) einen berühmten Sohn der Stadt und dank der Schlösser Augustusburg und Falkenlust als Gesamtkunstwerke des deutschen Rokoko ein UNESCO-Welterbe.

EINE KURFÜRSTLICHE LIEBLINGSRESIDENZ

Schloss Augustusburg von innen

Schloss Augustusburg war die Lieblingsresidenz des Kölner Kurfürsten und Erzbischofs Clemens August von Wittelsbach (1700–1761), der weltliche und kirchliche Macht in einer Person vereinte. Daher lebte er durchaus in fürstlichem Luxus statt in Demut und Bescheidenheit, wie dies von einem frommen Kirchenmann zu erwarten gewesen wäre. Ab 1725 wurde die fürstliche Residenz nach Plänen des westfälischen Architekten Johann Conrad Schlaun erbaut, der dabei auf das Mauerwerk der im Spanischen Erbfolgekrieg zerstörten Wasserburg zurückgreifen wollte. Doch unzufrieden mit den Arbeiten Schlauns übergab der Bauherr den Auftrag für den weiteren Ausbau an den kurbayerischen Hofbaumeister François de Cuvilliés. Dieser leitete von 1728 bis 1768 die Ausgestaltung der Schlösser Augustusburg und Falkenlust. Berühmt, wenn auch nicht ganz so berühmt wie das Treppenhaus der Würzburger Residenz, ist das Prunktreppenhaus des Schlosses Augustusburg, das nach den Plänen Balthasar Neumanns gestaltet wurde. Augustusburg war über Jahrzehnte Empfangsort des Bundespräsidenten für ausländische Staatsgäste (bis 1994). Diese werden sich nicht nur an der Rokokopracht des Schlosses erfreut haben, sondern auch an der prächtigen barocken Gartenanlage, die Dominique Girard nach französischem Vorbild entworfen hat.

Clemens August I. von Bayern mit den Pagen von Weichs.

Schloss Augustusburg von aussen

Pracht und Macht findet sich im Inneren des Schlosses, das im Zweiten Weltkrieg schwer beschädigt und bis 1989 wieder vollständig hergestellt wurde. Nicht nur das Treppenhaus mit Stuckmarmorsäulen und der Triumpharchitektur der Nordwand, sondern auch die Deckenfresken in Garten- und Musiksaal sind Beispiele für den Kunstsinn des fürstlichen Bauherrn und der von ihm engagierten italienischen Künstler. Neben dem Deckenstuck von Guiseppe Artario sind es Deckenmalereien und geschnitzte Holzvertäfelungen, die Bewunderung verdienen.

Vom Jagdfieber beseelt

Clemens August von Wittelsbach liebte fürstlichen Luxus und davon vor allem die Falkenjagd. Daher ließ er sich zwischen 1729 und 1737 im Schlosspark von Brühl Schloss Falkenlust als Maison de Plaisance erbauen, wiederum von François de Cuvilliés. Das Schlösschen liegt in einem kleinen Waldstück. Es war bestens geeignet, um mit Wander- und Gerfalken Jagd auf Reiher zu machen, die sich zum Nisten im Schlosspark einfanden. Das Schlösschen war der Treffpunkt der Jagdgesellschaft, die dem Treiben vom Belvedere auf dem Dach des Schlosses aus zusehen konnte. In Nebengebäuden und Stallungen wurden die Falkner, die Falkonierjungen und die Stallknechte sowie die Pferde der Reiter untergebracht. Und auch die kostbaren Falken, die ständig gepflegt werden mussten, fanden hier Unterschlupf.

> Die Schlösser Augustusburg und Falkenlust in Brühl sind seit 1984 UNESCO-Welterbestätte. Sie sind duch den weitläufigen Schlosspark verbunden.

Schloss Falkenlust

Die Zweckbestimmung des äußerlich schlichten Schlosses lässt sich am dezenten Bauschmuck – Falken mit Hauben, Falken und Reiher sowie Aufsatzvasen mit Falkennestern – und an der Innengestaltung mit prächtigen, vergoldeten Stuckaturen erkennen. Man findet Medaillons mit Falken- und Reiherszenen, Halbfigurenporträts von Falknern in blau-silbernen Uniformen und eine Stuckdecke, die eine Falkenjagd thematisiert. Auch im Lackkabinett mit seiner vergoldeten Stuckdecke entdeckt man Falken und Reiher als Motive. Schließlich zieren Fliesen mit Falknerbildern das Treppenhaus. 1763 war der junge Mozart zu Gast und bewunderte die kostbar gestalteten Innenräume.

Kurz & kompakt

TOURISMUSINFORMATION
Brühl-info
Uhlstr. 1
D 50321 Brühl
Tel.: 02232-793 45
E-Mail: bruehl.info@t-online.de
www.schlossbruehl.de, www.bruehl.de

SEHENSWÜRDIGKEITEN
**Schloss Augustburg und
Schloss Falkenlust**
Schlossstr. 6
50321 Brühl
Tel.: 02232 -440 00
E-Mail: mail@schlossbruehl.de
www.schlossbruehl.de
Besichtigung von Schloss Augustusburg ist nur im Rahmen einer im Eintrittspreis enthaltenen Führung möglich, Besichtigung von Schloss Falkenlust ohne Führung

UNTERKÜNFTE
Bon Prix Hotel***
Hamburger Str. 18
50321 Brühl
Tel.: 02232-150 30
E-Mail: info@hotel-bonprix.de
www.hotel-bonprix.de

Hotel Haus Danz
Maiglerstr. 69
50321 Brühl
Tel.: 02232-319 73
E-Mail: Hotel-Danz@netcologne.de
www.hotel-danz.de

RESTAURANTS/CAFÉS
Balthasar Neumann Speiserei
Wallstr. 30
50321 Brühl
Tel.: 02232-99 33 67
www.balthasar-speiserei.de

Brauhausgarten Alt Brühl
Sürther Str. 160
50321 Brühl
Tel.: 02232-76 05 38
E-Mail: brauhausgarten@t-online.de
www.brauhausgarten.de

Hof-Café
Markt 24
50321 Brühl
Tel.: 02232-429 76
E-Mail: hofcafeschmitt@aol.com

RADVERLEIH
Radstation Brühl
Am Bundesbahnhof 2a
50321 Brühl
Tel.: 02232-95 07 61

RADTOUREN
Naturpark Kottenfort-Ville und Wasserburgen-Route (365 km):
130 Burgen und Schlösser zwischen Köln, Bonn und Aachen;
www.wasserburgen-route.de

Die Zeche Zollverein in Essen:
VON DER KOHLEFÖRDERUNG ZUR HOCHKULTUR

Der Strukturwandel hat das Ruhrgebiet verändert: Die Schlote rauchen längst nicht mehr, der Steinkohlebergbau sieht auch in Deutschland seinem Ende entgegen und die Zeche Zollverein, einst die „verbotene Stadt" im Essener Stadtteil Katernberg, dient längst kulturellen Zwecken. Das Kesselhaus, von Sir Norman Foster umgestaltet, beherbergt das red dot design museum und im Schalthaus der streng geometrisch konzipierten Anlage werden ungezählte Besucher begrüßt, die sich einer Zechenführung anschließen wollen. Unterdessen verwandelt sich die ehemalige Kohlenwäsche Stück für Stück in das neue Ruhr-Museum. Im Winter kann man gar auf dem Zechengelände Schlittschuh laufen. Unberührt und weithin sichtbar steht das Doppelbockfördergerüst über der Schachthalle, gleichsam ein Wahrzeichen für das Essener Revier.

Nicht nur auf dem Gelände, sondern auch in einzelnen Gebäuden der in der Tradition des Bauhauses entworfenen Industrieanlage hat die Kunst die Steinkohleförderung verdrängt: Im Kühlturm II auf

Blick auf das Zechengelände von Halle 6 aus

dem Gelände von Schacht XII residiert die Interartes GmbH und den Kesselaschebunker bespielt Maria Nordman mit ihrer Kunstintervention „La Primavera". Konzerte und Veranstaltungen finden in der Lesebandhalle statt, in der auch einige Künstler ihre Ateliers bezogen haben. Feinschmecker treffen sich im Turbokompressor, in dem die Casino Zollverein GmbH für erlesene Speisen sorgt.

Jenseits der Gleisanlagen, die von jungen Birken bestanden werden, erhebt sich Schacht 1/2/8, in dessen aufgelassenen Gebäuden der Kunstschacht Zollverein und das Choreographische Zentrum NRW eingezogen sind. Nur im Rahmen von Führungen ist das Museum Zollverein zugänglich, das im ehemaligen Wagenumlauf eingerichtet wurde und neben bergmännischen Geräten eben jenen Wagenumlauf inszeniert, der jahrzehntelang den Alltag auf der Zeche bestimmte.

Die grauen Zechensiedlungen sind unterdessen modernisiert worden; auch die Kumpel, die einst auf der Zeche malochten, leben noch in Katernberg. Doch seit die UNESCO das Industriedenkmal Zeche Zollverein zum Welterbe gekürt hat, identifizieren sich immer weniger ehemalige Beschäftigte mit ihrer früheren Betriebsstätte. Längst geht es in den Hallen des Industriedenkmals so schick zu, dass eine bürgerliche „Hochkultur" die traditionelle Industriekultur verdrängt.

Mehr und mehr auswärtige Besucher kommen neugierig hierher und begeben sich auf eine Erlebnistour zwischen

DIE EHEMALIGE RUHRKOHLE AG

Nach der Stillegung hatte das Land Nordrhein-Westfalen der RAG, damals Ruhrkohle AG, das Gelände abgekauft, unter Denkmalschutz gestellt und gründlich saniert. Die Baugesellschaft Bauhütte Zeche Zollverein Schacht XII GmbH beendet im Jahre 1999 ihre Sanierungstätigkeit auf Zollverein. Am 14. Dezember 2001 wurden Zeche und Kokerei Zollverein in die Liste des Kultur- und Naturerbes der Welt aufgenommen.

Schacht XII und der Kokerei. „Der Zollverein ist eine leere Hülle, ein totes Gebilde", sagt etwa Herbert Czarnyan, der seit Jahren als Jugendkontaktbeamter der Polizei im Essener Norden arbeitet. „Es gibt nicht einmal ein Bürgercafé." Es scheint so, als sei die Zeche ein Fremdkörper geworden. Mit Millionen von Euro aus Brüssel arbeitet man an einem überregionalen Kulturzentrum, plant eine Weltausstellung für Design, aber denkt eben nicht an die Vernetzung mit dem Stadtteil, der von sozialen Verwerfungen gezeichnet ist.

EINE INDUSTRIEANLAGE AUF ZEIT

Als die Zeche konzipiert wurde, sollte sie nur für zwei oder drei Jahrzehnte bestehen. Man hatte nicht erwartet, sie länger nutzen zu können. Doch dann

Zeche Zollverein, Schacht 12

brachte man bis 1986 Kohle ans Tageslicht und verarbeitete sie zu Koks. Mit der „Abteufung", das heißt mit dem Bau eines senkrechten Schachtes, begann man am 18. Februar 1847. Auf das erste abbauwürdige Flöz stieß man damals in 130 Metern Tiefe. Vier Jahre nach der ersten Abteufung begann die Förderung von Kohle. Zu Beginn war der Schacht 1/2 die einzige Schachtanlage der Zeche Zollverein, dessen Betrieb aber 1932 eingestellt wurde.

Danach übernahm der neu erbaute Schacht XII die gesamte Förderung. Zur gleichen Zeit wie Schacht 1/2 wurde auch Schacht 3/7/10, der seit 1883 genutzt wurde, stillgelegt. Gleiches gilt für Schacht 4/5/11, der der Förderung von Fettkohle in steiler Lagerung diente. Alle diese Anlagen sind bis heute in großen Teilen erhalten und vermitteln einen Eindruck vom Kohlebergbau des ausgehenden 19. und 20. Jahrhunderts.

ZOLLVEREIN SCHACHT XII

Jüngstes Kind der Gesamtanlage Zeche Zollverein ist Schacht XII, der als ein Art Verbundbergwerk fungierte, um die Kohle aus mehreren verstreuten Flözen ans Tageslicht zu fördern. Die Gebäude – Maschinenhaus, Kesselhaus, Schachthaus, Pförtnerhäuschen, Zentralwerkstatt und Elektrowerkstatt – entwarfen die Architekten Fritz Schupp und Martin Kremmer. Dabei wählten sie für die Bauten ihrer streng symmetrisch konzipierten Anlage eine Skelettbauweise mit Backsteinausfachung. So entstanden – ganz im Sinne des Bauhauses – funktionale Kuben ohne jeden Bauschmuck. Für Tageslicht im Innern sorgten horizontale Drahtglasbänder.

Der Eingangsbereich des Zechengeländes wird von zwei Torhäusern flankiert. Die Rasenfläche zwischen Schalthaus, Schachthaus, Förderturm sowie Zentral- und Elektrowerkstatt gleicht einem Ehrenhof. Am Ende der von diesem Ehrenhof ausgehenden Querachse steht das Kesselhaus, dessen 100 Meter hoch aufragender Turm aus statischen Gründen im Zuge der Umnutzung abgetragen wurde. Auch diesem Gebäude ist ein Hof vorgelagert, der vom Nieder- und Hochdruckkompressorenhaus gesäumt wird. Den Ausgangspunkt für eine derartige Baugestaltung formulierte Fritz Schupp: „Wir müssen erkennen, dass die Industrie mit ihren gewaltigen Bauten nicht mehr ein störendes Glied in unserem Stadtbild (...) ist, sondern ein Symbol der Arbeit, ein Denkmal der Stadt, das jeder Bürger mit wenigstens ebenso großem Stolz dem Fremden zeigen soll wie seine öffentlichen Gebäude."

Dieses Erbe der Industriekultur, das sich mehr und mehr wandelt, ist aktuell in das Blickfeld der Denkmalpflege geraten: „Wir machen uns a bisserl Sorgen um Zollverein", sagt Professor Michael Petzet, Präsident vom 1965 gegründeten Internationalen Rat für Denkmalpflege (ICOMOS). Diese Organisation wirft ein „denkmalpflegerisches Auge" auf die Welterbe-Stätten. Beim Anblick dessen, was sich auf der Zeche Zollverein tut, sind die kritischen Beobachter wenig erbaut. Sowohl beim alten Salzlager auf dem Kokereigelände, das zur Heimat des Kabakov-Kunstwerks „Palast der Projekte" wurde, als auch bei der Kohlenwäsche sieht Diplom-Ingenieur Rolf Höhmann vom Darmstädter „Büro für Industrie-Archäologie" weitgehend jene „Substanz zerstört", die man mit dem Status eines Welterbes eigentlich habe schützen wollen.

DIE ZUKUNFT HAT BEGONNEN

Unbeachtet von der Debatte unter Denkmalschützern über die nachhaltigen baulichen Eingriffe in das Industrieensemble Zeche Zollverein begannen am 17. März 2005 mit dem ersten Spatenstich die Bauarbeiten für den Neubau der Zollverein School of Management and Design. Voraussichtlich bis zum Frühjahr 2006 soll auf dem Gelände der Zeche Zollverein in Essen ein heller Kubus nach den Plänen des Architekturbüros SANAA (Tokyo) entstehen. Der Entwurf, der ein Gebäudes auf 35 mal 35 Metern Grundfläche vorsieht, hatte wohl deshalb den weltweit ausgeschriebenen Architekturwettbewerb gewonnen, weil er in seiner schlichten Form den bestehenden Skelettbauten der Zeche Zollverein angepasst wurde. Bis zur Fertigstellung des Neubaus residiert die Designschule mit den ersten aufgenommenen Studierenden in dem alten Direktionsgebäude der ehemaligen Kohlezeche.

Blick auf Schacht 1/2/8

Kurz & kompakt

TOURISMUSINFORMATION
Touristikzentrale Essen
Im Handelshof
Am Hauptbahnhof 2
45127 Essen
Tel.: 0201-194 33 und
88-720 41 bis -720 49
E-Mail: touristikzentrale@essen.de
www.essen.de/tourismus

**Besucherzentrum Zollverein,
Schacht XII [Halle 2, OG]**
Gelsenkirchener Str. 181
45309 Essen
Tel.: 0201-830 36 36
E-Mail: info@zollverein.de
www.stiftung-zollverein.de

**Stiftung Industriedenkmalpflege
und Geschichtskultur**
Emscherallee 11
44369 Dortmund
Tel.: 0231-931 12 20
E-Mail: info@industriedenkmal-stiftung.de
www.industriedenkmal-stiftung.de

SEHENSWÜRDIGKEITEN
red dot design museum
Design Zentrum Nordrhein-
Westfalen e.V.
(im ehemaligen Kesselhaus der
Zeche Zollverein Schacht XII)
Gelsenkirchener Str. 181
45309 Essen
Tel.: 0201-30 10 40
E-Mail: info@dznrw.com

Im Inneren der Zeche Zollverein

RuhrMuseum – Aufbaustab
Zeche Zollverein Schacht XII,
Halle 12 (1.OG)
Gelsenkirchener Str. 181
45309 Essen
Tel.: 0201-854 34 11
E-Mail: ruhrmuseum@egz.essen.de

Unterkünfte
Express by Holiday Inn***
Thea-Leymann-Str. 11
45127 Essen
Tel.: 0201-102 60
E-Mail: express.essen@ichotelsgroup.com

Hotel Kessing Garni**
Hachestr. 30
45127 Essen
Tel.: 0201-23 99 88

Hotel Petul
Essener Str. 11-13
45141 Essen
Tel.: 0201-72 94 70
E-Mail: Info@petul.de
www.petul.de

Restaurants/Cafés
Casino Zollverein GmbH
Turbokompressor/Zeche Zollverein
Gelsenkirchener Str. 181
45309 Essen
Tel.: 0201-83 02 40
E-Mail: info@casino-zollverein.de
www.casino-zollverein.de

Bistro Kanne Lohni
ehemalige Lohnhalle/Gebäude 1
Triple Z (Schacht 4/5/11)
Katernberger Str. 107
45327 Essen
Tel.: 0201-279 59 03

Kokerei Café
Arendahls Wiese (Mischanlage)
45141 Essen
Tel.: 0201-830 12 76

Radverleih
Revier Rad-Zentrale
am Mülheimer Bahnhof
Tel.: 0208-444 36 04
E-Mail: radstation@stadtdienste.de

RevierRad-Station
Besucherzentrum Industriekultur Zeche
Zollverein XII (Schacht 3/7/10)
Gelsenkirchener Str. 181
45309 Essen
Tel.: 0201-302 03 67
Nur Apr.–Okt.

Radtouren
Emscher Park Radweg (230 km),
Duisburg–Hamm, ein 3,9 km langes
Teilstück ist der „Zollvereinweg";
weitere Infos: Regionalverband Ruhrgebiet
Informationszentrum Emscher
Landschaftspark
Haus Ripshorst
Ripshorster Str. 306
46117 Oberhausen
Tel.: 0208-883 34 83
www.rvr-online.de

Eine Zechentour auf Zeche Zollverein

Manfred Reichardt, der aus einer Bergarbeiterfamilie stammt und selbst bei der Berufsfeuerwehr gearbeitet hat, ist einer der zahlreichen Besucherführer. Beim Gang über das Gelände erzählt er von den beengten Wohnverhältnissen und den „Rennpferden" der Bergleute, den Brieftauben, die ebenso zu einem Zechenhaus gehörten wie der Garten, in dem Obst und Gemüse für die Selbstversorgung angebaut wurden. Lauscht man den Erzählungen von Manfred Reichardt, so kommt man ins Staunen: Die Bergleute mussten Flöze mit einer Abbauhöhe von 60 bis 120 Zentimetern befahren. Wer als Bergmann unter Tage arbeitete, der war, so Reichhardt, mit 45 Jahren Invalide.

Sogar eine eigene Sprache wurde auf der Zeche Zollverein, wie auch auf anderen Zechen im Ruhrrevier, gepflegt: Wer einen Kumpel nach dem „Weiberarsch" fragte, brauchte eine Schaufel. Beim Mottek handelt es sich um ein Bergmannswerkzeug, den Hammer. Mit „Teckel" ist ein unter Tage benutzter Wagen zur Materialförderung gemeint. Den „Hund" brauchte man für den Transport der Kohle. Auf dem

Besuchergruppe auf Zechentour

Wagenlauf liefen Hunderte dieser Wagen und transportierten jeweils bis zu einer Tonne Kohle je Wagen. So manche Grube besaß auch einen „Monte Schlacko", eine Abraumhalde. Der eine oder andere Kumpel fuhr auf dem „Moppät" (Mofa) zur Arbeit, und, müde von der Arbeit kommend, „schob er in die Molle", sprich: Er ging ins Bett. Und: Es wurde nicht nur „malocht" (gearbeitet), sondern man musste auch „wullacken", schwer arbeiten.

Die Arbeitsbelastung war groß, gab es doch die Vorgabe, täglich 12.000 Tonnen Kohle zu fördern. 15.000 Hunde waren auf dem Wagenumlauf unterwegs, um dieses Ziel zu erreichen. Die abgebaute Kohle wurde an bis zu 130 Abbaupunkten eingesammelt und in die Wipperhalle gebracht, wo die Hunde entleert wurden. Eine audiovisuelle Inszenierung verschafft dem Besucher heute einen Eindruck von den Arbeitsplätzen links und rechts des Wagenumlaufs.

Die Bergmänner, so ist zu erfahren, waren in einem Team aus mehreren Hauern und einem Steiger tätig. Der Steiger handelte mit der Zechenleitung das „Gedinge", den Lohn der Bergleute, aus. Bisweilen verschwand ein Teil des hart erarbeiteten Lohns in einer der zahlreichen Kneipen:

Allein rund um Schacht 1/2 gab es bis zu acht Kneipen. Und wer denn glaubt, es hat Atem- und Gehörschutz gegeben, als man in den 1930er Jahren Kohle förderte, den belehrt Manfred Reichardt eines Besseren. Erst 1945/46 griffen erste Schutzmaßnahmen; 1960 verschwanden die schweren Abbauhämmer und wurden durch Kohlehobel ersetzt.

Gefördert wurde mittels Fördergerüst aus einer Tiefe von über 600 Metern. Schläge signalisierten die Tätigkeit an der Seilfahrt: Ein Schlag bedeutete „Halt", zwei „Auf", zweimal drei Schläge „Korb frei". Staubig war der Arbeitsplatz allemal, fielen doch stündlich 150 Tonnen Kohlenstaub an. Gefördert wurde Kokskohle, die man in den Hüttenwerken der Phoenix AG für Bergbau und Hüttenbetriebe, später Vereinigte Stahlwerke AG, benötigte. Allerdings musste die Kohle in der so genannten Kohlewäsche – hier füllte man die Kohle in große Siebtrommeln – gewaschen werden, um Kohle und Steine, die beim Abbau gemeinsam gefördert wurden, voneinander zu trennen. Anschließend, so erfährt der Teilnehmer einer Zechenführung, gelangte die Kohle in die Kokerei und der dort erzeugte Koks ins Hüttenwerk.

Der Aachener Dom:
MEHR ALS DIE GRABLEGE KARLS DES GROSSEN

Von allen Ecken der Stadt aus ist der Dom mit seiner mächtigen Kuppel zu sehen. In den Straßencafés zu seinen Füßen lässt sich mancher Besucher Aachener Printen schmecken, andere scharen sich um die beschaulichen Brunnen, die so zahlreich in der Stadt zu finden sind. Mal sieht man bewegliche Puppen, mal einen Hühnerdieb als Brunnenfiguren. Nicht wenige Besucher lassen sich das Wasser des heilkräftigen Elisenbrunnens schmecken und legen eine Rast im Brunnenhaus ein, ehe sie sich zum Dom begeben.

Dort angekommen, muss man schon den Kopf in den Nacken legen, steht man vor dem gewaltigen gotischen Chor des Doms mit seinen 30 Meter hohen Buntglasfenstern. Von der Fassade des Chors schauen fromme Männer aus Stein auf die Passanten hinab und unter der Bedachung ragen die drachenköpfigen Wasserspeier hervor, die zu jedem gotischen Sakralbau gehören, sollen sie doch abschreckend auf das Böse wirken und dabei eigentlich nur das Wasser vom Mauerwerk fernhalten.

EIN „NEUES ROM"...

... zu gründen, war der Traum Karls des Großen, der um 786 veranlasste, im damaligen Aquae Granni eine Pfalzkapelle zu errichten. Dieser oktogonale Zentralbau, die architektonische Mitte des Doms, ist ein Stein gewordenes Zeugnis sowohl seines Glaubens an Gott und die gottgegebene Macht des Herrschers als auch seines ideologisch-politischen Programms, in dem er sich in direkter Nachfolge zu den antiken Imperatoren und als Beschützer des Papstes in Rom sah. Über Jahrhunderte wurde die Pfalzkapelle erweitert und umgestaltet.

Die Zeiten, als deutsche Könige in Aachen gekrönt wurden, sind zwar längst vorbei, doch der Glanz des einzigartigen Baudenkmals ist geblieben: Als erstes deutsches Monument wurde der Aachener Dom 1978 auf die UNESCO-Liste des Welterbes gesetzt. Aus fränkischer Zeit sind bis heute der Westbau, die Kaiserloge sowie der gewaltige achteckige Kuppelbau

Gedenkplatte zur Ernennung zum Weltkulturerbe

erhalten. Man betritt den Kernbau durch eine mächtige Doppeltür, die eigens für Karls Pfalzkapelle gegossen wurde. Ihre Türflügel gelten als die ersten Bronzetüren des Mittelalters. Das Oktogon – in der mittelalterlichen Theologie stand die Zahl Acht für Harmonie und Vollendung – ist von einem zweistöckigen Emporengang umgeben und nach dem Vorbild der Kirche San Vitale in Ravenna entworfen worden. Von dort wurden eigens die Säulen für dieses Bauwerk herangebracht.

Als Karl der Große 814 starb, wurde er in „seiner" Kirche bestattet. Sein Ruhm als gerechter, mächtiger und christlicher Herrscher war so gewaltig, dass sich erstmals 936 ein König, Otto I. der Große, zum Zwecke der Legitimation seiner Macht in Aachen krönen ließ. Sechs Jahrhunderte dauerte diese Tradition an, 30 Königen wurde die Krone vom Aachener Erzbischof aufgesetzt.

Ein gläserner Reliquienschrein für Pilgerströme

Aber der Dom war nicht nur Krönungskirche der deutschen Könige, sondern auch eine bedeutende Wallfahrtskirche. Friedrich I. Barbarossa erreichte 1165 die Heiligsprechung Karls, gab Aachen die Stadtrechte und beauftragte einen kostbaren Schrein, in den die Gebeine des fränkischen Monarchen 1215 umgebettet wurden. Seit 1349 zogen alle sieben Jahre große Pilgerströme nach Aachen, das neben Rom und Santiago de Compostela zu einer der bedeutendsten Pilgerstätten des Abendlandes wurde. Man kam, um die

Karlsreliquien zu verehren, vor allem aber die Reliquien des Marienschreins: das Kleid der Mutter Gottes, die Windeln und das Lendentuch Jesu Christi und das Enthauptungstuch von Johannes dem Täufer. Diese bedeutenden Heiltümer trugen dazu bei, dass die Schar der Pilger wuchs und wuchs, so dass bald über den angemessenen Ausbau der Kirche nachgedacht wurde.

Von 1355 bis 1414 entstand eine gotische Chorhalle nach dem Vorbild der Pariser Sainte-Chapelle (1243–1248). Der Chor ist ein lichterfüllter, eleganter „Himmelsraum" der französisch inspirierten Hochgotik. Johanna Schopenhauer schreibt in ihren Reiseerinnerungen *An Rhein und Maas*: „Auch ist dieser Chor ein Meisterwerk der Baukunst seiner Zeit, das aber durch seine ungeheure Größe den ursprünglich in edler hoher Einfachheit prangenden achteckigen Tempel gleichsam erdrückt." In einer Bauzeit von sechs Jahrzehnten entstand das so genannte Glashaus von Aachen mit seiner über

Der Königsthron

Aachen (Aachener Dom)

Zentralbau mit dem Barbarossaleuchter (1165-1170)

1000 Quadratmetern großen Fensterfläche. Weitere Umgestaltungen und Anbauten folgten im Anschluss an den Chorbau: die Matthiaskapelle (1414), die Annakapelle (vor 1449) und die Ungarische Kapelle (1367 und 1756–1767) zur Betreuung der ungarischen Pilger sowie die Nikolaus-/Michaelkapelle (vor 1487) als ehemalige Begräbnisstätte der Stiftsgeistlichkeit und die Reliquienkapellen am Westturm (1350 und 1879–1884).

„Malerei für die Ewigkeit"

Im Kircheninneren entdeckt der Besucher spätantike Säulen und eine gallo-römische Bronzebärin (man munkelt, es handele sich eigentlich um die Wölfin der römischen Gründungssage von Romulus und Remus), die für Karl den Großen einen Bezug zum römischen Reich herstellen sollte, sah er sich doch als Herrscher eines wieder auferstandenen Weströmischen Reiches. Die zahlreichen Mosaike des Oktogongewölbes und des Umgangs – sie zeigen Christus als Weltenherrscher, die Symbole der vier Evangelisten, das Himmlische Jerusalem, das Paradies, den Opfertod Christi und den seine Jungen nährenden Pelikan als Sinnbild der Eucharistie – sind 1881 entstandene historistische Nachbildungen der karolingischen Originale.

Zu den besonderen Sehenswürdigkeiten im Kircheninneren zählen die so genannte Pala d'oro, eine Platte aus goldgetriebenen

Der Aachener Dom: Sicht vom Katschhof aus

Reliefs des 11. Jahrhunderts, und der große achteckige, von Friedrich I. aus Anlass der Heiligsprechung Karls des Großen gestiftete Radleuchter. Auf der Empore des Oktogons steht der so genannte Karlsthron aus Marmor, in den ein Holzsitz eingelassen ist. Sechs Stufen führen zu ihm hinauf wie zum Thron König Salomos: Sinnbild des Herrschers von Gottes Gnaden. In dem Holzsitz hat Kaiser Karl der Große gewiss nicht gesessen, da er aus einer nachweislich erst 935 gefällten Eiche stammt.

In die Jahre gekommen

Im Laufe der Jahrhunderte sind am Dom weit reichende Schäden aufgetreten, die nun ein mehrjähriges Sanierungsprogramm erfordern. Der Dachstuhl des Oktogons und dessen Dachdeckung müssen erneuert werden. Auch das 1.200 Jahre alte karolingische Mauerwerk mit seinem Ringankersystem und das einzigartige Kuppelgewölbe bedürfen der gründlichen Überholung. Außerdem wurden die zwischen 1880 und 1913 geschaffenen, neobyzantinischen Mosaike des Oktogons durch Staub, Ruß und Salzausblühungen des Mörtels derart beschädigt, dass eine jahrelange Restaurierung dieser „Malereien für die Ewigkeit" notwendig ist.

Kurz & kompakt

TOURISMUSINFORMATION
aachen tourist information
Informationsbüro Elisenbrunnen
Friedrich-Wilhelm-Platz
52062 Aachen
Tel.: 0241-180 29-60/-61
E-Mail: info@aachen-tourist.de
www.aachen-tourist.de

SEHENSWÜRDIGKEITEN
Dom
Münsterplatz
www.aachendom.de

Domschatzkammer
Thematisch gegliederte Sammlung sakraler Kulturschätze aus spätantiker, karolingischer, ottonischer, staufischer und gotischer Zeit

UNTERKÜNFTE
Aquisgrana City Hotel ***Superior
Buchkremerstraße/Büchel 32
52062 Aachen
Tel.: 0241-44 3-0
E-Mail: aquishotel@aol.com

Hotel Stadt Koblenz **
Leydelstraße 2
52062 Aachen
Tel.: 0241-47 45 80
E-Mail: mail@hotel-ambahnhof.de

Hotel Marx
Hubertusstraße 33-35
52064 Aachen
Tel.: 0241-3 75 41
E-Mail: info@hotel-marx.de

Euregionales Jugendgästehaus
Maria-Theresia-Allee 260
52074 Aachen
Tel.: 0241-71 10 10
E-mail: jh-aachen@djh-rheinland.de

RESTAURANT/CAFÉ
Restaurant Aachener Brauhaus
Kapuzinergraben 4
52062 Aachen
Tel.: 0241-3 60 17

RADVERLEIH
Der 2 Radshop
Seilgraben 31
52062 Aachen
Tel.: 0241-343 54
www.zweirad-shop.net

RADTOUREN
Kaiserroute Aachen–Paderborn (ca. 370 km, www.kaiser-route.de) und Wasserburgen-Route (370 km, davon 64 km in und um Aachen, www.wasserburgen-route.de)

Speyer:
KAISER, MÖNCHE UND PATRIZIER

Nach Speyer fährt man wegen des Doms, der zum UNESCO-Welterbe gehört. In ausladender Breite steht der mächtige Sakralbau am Ende der Maximilianstraße. Erdverbunden, tief verwurzelt erscheint er im ersten Moment, doch seine vier Türme heben ihn gen Himmel. Romanisch nüchtern ist der Dom in seiner Baugestalt, und darin unterscheidet er sich von den himmelwärts strebenden Kirchen wie dem Kölner Dom oder dem Ulmer Münster. Ursprünglich im 11. Jahrhundert aus Buntsandstein errichtet und mit bescheiden wirkendem Fassadenschmuck versehen, verdanken wir das heutige Aussehen des Doms dem Historismus des 19. Jahrhunderts. Doch werden mittlerweile auch Maßnahmen zur Re-Romanisierung des nach dem Aachener Dom wohl wichtigsten Sakralbaus in Deutschland durchgeführt. Unverändert geblieben sind das neoromanische Westwerk und auch die Barockkuppel der Vierung. Diese ist Ignaz Neumann, dem Sohn Balthasar Neumanns zu verdanken, der für den Wiederaufbau nach dem von französischen Truppen verursachten Brand von 1689 verantwortlich war.

DER DOM ZU SPEYER

Dort, wo der Dom erbaut wurde, existierten, wie Ausgrabungen belegen, Kultstätten der Römerzeit. Vermutlich hat hier im 1. Jahrhundert ein Dianatempel gestanden. Funde von Ausgrabungen an der Nordseite des Doms weisen darauf hin, dass Speyer bereits vor der Völkerwanderung Mittelpunkt einer christlichen Gemeinde war.

Der romanische Bau des Speyerer Doms ist zurückhaltend und verzichtet weitgehend auf üppigen Bauschmuck. Die zwölf Stützpfeiler, die das gewaltige Gewölbe tragen, und die zwölf Fensterpaare des Mittelschiffs erinnern an die zwölf Apostel, die siebenfache Verjüngung des Portals an die sieben Sakramente. Was

Blick ins Hauptschiff

Der Dom über den Rhein

sich an dieser „glaubensfesten Architektur" zeigt, ist die tiefe Verwurzelung der kaiserlichen Bauherren im christlichen Glauben. Unter dem salischen Kaiser Konrad II. wurde zwischen 1025 und 1030 mit dem Bau begonnen, mehr als drei Jahrzehnte später erfolgte die Weihe des Gotteshauses.

Infolge des Pfälzischen Erbfolgekrieges nahm der Dom schweren Schaden. Im Zuge des Wiederaufbaus 1772 wurde der romanische Sakralbau vor allem im Inneren dem damaligen Zeitgeschmack angepasst. So erhielt das Westwerk ein neues Gesicht im neoromanischen Stil. Ferner wurde er von 1846 bis 1853 in spätnazarenischer Manier ausgemalt, etwa unter den Obergadenfenstern. Diese

Malereien wurden in den 1950er Jahren, als man danach trachtete, die Reinheit des Stils wieder herzustellen, größtenteils beseitigt. Ziel war es, die ursprüngliche „salische Größe und Aussagekraft" wieder auferstehen zu lassen.

Unverändert geblieben über die Jahrhunderte ist die 1041 fertig gestellte Krypta. Sie erstreckt sich unter Chor und Apsis sowie den drei quadratischen Raumteilen des Querhauses. Die Kaisergruft in der „Unterkirche" besaß ursprünglich keinen Zugang, sie ist ein Bauwerk jüngerer Zeit. Als man von Kaiser und Vaterland schwärmte, grub man nach den Überresten der Salier. Und tatsächlich: Am 16. August 1900 wurde man fündig. Die ausgegrabenen Gebeine bestattete man anschließend in der nach Plänen von Gabriel Seidl angelegten Gruft. Die Grabbeigaben, darunter die Grabkrone Konrads II. von 1039, brachte man ins Historische Museum der Pfalz. Seither ist in der Domgruft wieder Ruhe eingekehrt. Acht deutsche Kaiser und Könige, vier Königinnen und eine Reihe von Bischöfen fanden hier ihre letzte Ruhestätte: unter anderem der Gründer des Doms Konrad II., seine Gattin Gisela und sein Sohn

Fresko im Hauptschiff im Stil der Nazarener

Heinrich III., außerdem Heinrich IV., der von Speyer aus den Gang nach Canossa antrat, sowie König Philipp von Schwaben, Sohn Friedrich Barbarossas, und König Rudolf von Habsburg und König Adolf von Nassau.

VERGANGENES IN DIE ZUKUNFT TRAGEN

Bereits zur Zeit seiner Entstehung war der Dom ein gewaltiges Bauwerk, das andere Sakralbauten wie den Dom von Cluny in der Größe übertraf. Der Dom zu Speyer besitzt eine Länge von 134 Metern. Das Langhaus misst in der Breite etwa 37 Meter; himmelwärts streben die Osttürme, die eine Höhe von 71 Metern erreichen, und die Westtürme sind mit ca. 65 Metern nur unwesentlich kürzer. Diesen gewaltigen Sakralbau auch für die nächsten Jahrhunderte zu bewahren, ist

Rückseite des Doms

nun Aufgabe der Sanierung. Zu den Kostbarkeiten, die es zu erhalten gilt, zählt der romanische Bauzier, der bald 1000 Jahre alt ist: plastische Tier- und Pflanzendarstellungen sowie Ornamente, die lombardische Steinmetze zur Zeit Kaiser Heinrichs IV. schufen. Auch die Stützsysteme der Zwerggalerie müssen saniert werden. Konserviert werden sollen auch die noch erhaltenen Fresken, mit denen Johann Baptist Schraudolph Mitte des 19. Jahrhunderts die Kathedrale ausmalte. Diese sollen im Kaisersaal des Domes der Öffentlichkeit zugänglich gemacht werden. Vermutlich werden die gesamten Sanierungsmaßnahmen noch bis 2010 andauern.

Kurz & kompakt

TOURISMUSINFORMATIONEN

Tourist-Information Speyer
Maximilianstr. 13
67346 Speyer
Tel.: 06232-14 23 92
E-Mail: touristinformation@stadt-speyer.de
www.speyer.de/de/tourist

MUSEEN

Historisches Museum der Pfalz
Domplatz
67325 Speyer
Tel.: 06232-132 50
E-Mail: info@museum.speyer.de
www.museum.speyer.de

UNTERKÜNFTE

Trutzpfaff-Hotel und Weinstube
Webergasse 5
67346 Speyer
Tel.: 06232-29 25 29
E-Mail: info@trutzpfaff-hotel.de
www.trutzpfaff-hotel.de

Kutscherhaus
Am Fischmarkt 5a
67346 Speyer
Tel.: 06232-7 05 92
E-Mail: info@kutscherhaus-speyer.de
www.kutscherhaus-speyer.de

RESTAURANTS/CAFÉS

Restaurant Domhof mit Biergarten
Große Himmelgasse 6
67346 Speyer
Tel.: 06232-740 55
E-Mail: hausbrauerei@domhof.de
www.domhof.de

Altpörtel Café Havanna
Postplatz 2
67346 Speyer
Tel.: 06232-605 14 44

Zur Alten Münz
Korngasse 1 a
67346 Speyer
Tel.: 06232-797 03
E-Mail: info@zur-alten-muenz-speyer.de
www.zur-alten-muenz-speyer.de

Trier:
RÖMISCHER KERN UND ROMANISCHE HÜLLE

Gegründet wurde die älteste Stadt Deutschlands als „Augusta Treverorum" im Jahr 16 vor unserer Zeitrechnung. Nirgendwo sonst ist die Verzahnung des römischen Erbes mit den romanischen Sakralbauten einer Stadt so eng wie in Trier, der Stadt an der Mosel. Thermen, Reste der römischen Stadtbefestigung, die Römerbrücke über die Mosel und das Amphitheater sind Zeugen der römischen Vergangenheit der Stadt. Und das „Tor zur Stadt" ist nach wie vor die Porta Nigra, an die sich das Simeonstift anschließt.

ALS KIRCHE DEN WANDEL DER ZEIT ÜBERLEBT: DIE PORTA NIGRA

Die Porta Nigra war im 2. Jahrhundert nach Christus Teil der gewaltigen Stadtmauer, die sich auf 6,4 Kilometer erstreckte, und hieß nach der römischen Gottheit „Porta Martis", Marstor. In diese Stadtmauer fügte sich eine Doppeltoranlage ein, die mit einem Innenhof ausgestattet war. Die Stadtmauer ist nur noch in Teilen erhalten geblieben, nach wie vor erheben sich aber an der Nordseite des

Erst Stadttor, dann Kirche und schließlich ein Wahrzeichen: Porta Nigra

Porta Nigra (Innenansicht)

kirche. Schließlich gestaltete man den römischen Westturm zu einem Glockenturm um.

Wer die Porta Nigra heute besucht, kann sich einen Eindruck von den gewaltigen Abmessungen dieses römischen Baus machen, dessen Westturm immerhin eine Höhe von 30 Metern erreicht. Völlig erhalten sind noch Chor und Apsis der Laienkirche von 1160. Zu erkennen sind hier und da auch die Rokokoausschmückungen aus der Mitte des 18. Jahrhunderts.

„Schwarzen Tores", wie es seit dem Mittelalter genannt wird, zwei monumentale, viergeschossige Türme, die halbkreisförmig hervorspringen. Erbaut wurde dieses mächtige Stadttor aus riesigen, aufeinander getürmten Quadern, die ohne Mörtel, nur mit Eisenklammern zusammengehalten wurden.

Das heutige Wahrzeichen Triers hat den Lauf der Geschichte nur überdauert, weil es unter Bischof Poppo von Babenberg als „Doppelkirche" diente. Sie wurde zu Ehren des heiligen Simeon von Syrakus eingerichtet. Das Erdgeschoss des Stadttores schüttete man zu diesem Zwecke zu, errichtete im ersten Geschoss die Laienkirche und im zweiten Geschoss die Stifts-

Auf römischen „Fundamenten" erbaut: der Dom zu Trier.

Der Trierer Dom im Abendlicht

Ein sakrales Ensemble auf römischen Fundamenten

Einmalig ist das Ensemble von Dom und Liebfrauenbasilika, eine Doppelanlage, die im Kern auf die Zeit von Kaiser Konstantin zurückgeht, allerdings im Laufe der Zeit romanisch, gotisch und barock überformt wurde. Im Dom befindet sich der so genannte Heilige Rock, eine Reliquie, die dieses Gotteshaus seit dem 16. Jahrhundert zu einem der wichtigen Wallfahrtsorte katholischer Christen macht. Mit dem Dom durch einen gemeinsamen Kreuzgang verbunden ist die frühgotische Liebfrauenkirche.

Unter der Nordhälfte des heutigen Doms fand man Fragmente einer gemalten Decke aus der Römerzeit, auf der man Mitglieder der kaiserlichen Familie erkennen kann – Beleg dafür, dass das Gotteshaus wohl über einem Teil des Palastes der Mutter von Kaiser Konstantin dem Großen erbaut wurde. Anhand von Grabungsfunden und Modellen kann man sich beim Besuch des Museums am Dom ein Bild des Trierer Doms im 4. Jahrhundert verschaffen: Die Kirchenanlage bestand damals aus mehreren miteinander verbundenen Basiliken. Aus diesen gingen innerhalb von sechs Jahrhunderten der Dom und die Liebfrauenkirche in ihrer heutigen Gestalt hervor.

Palastaula, Thermen und Amphitheater

An die Zeiten, als Trier eine der wichtigen Städte des Römischen Reiches war, erinnert die im 4. Jahrhundert erbaute Palastaula (Basilika), die heute evangelischen Christen als Gotteshaus dient. Der Palastaula an die Seite gestellt ist das kurfürstliche Palais. Wer die Gartenanlage vor dem kurfürstlichen Palais durchquert, erreicht die Kaiserthermen, die in ihrer Entstehungszeit zu den größten der damaligen Zeit zählten. Nur die Thermen Roms waren größer als die am Ufer der Mosel. Doch von dem einstigen „Palast der Entspannung" sind heute nur noch Ruinen vorhanden. Das gilt auch für die anderen Thermen der Stadt, für die museal

Innenansicht der Basilika

erschlossenen Viehmarktthermen und die Barbarathermen – diese sind wegen Sanierungsarbeiten langfristig geschlossen. Wahrscheinlich ist, dass nur die Barbarathermen und die Viehmarktthermen dem

Palastaula aus dem 4. Jahrhundert; seit 1856 evangelische Kirche zum Erlöser

Römische Badefreuden brauchten einen Ort: die Kaiserthermen (Detailansicht).

Badevergnügen dienten, während die Kaiserthermen nie als Bad vollendet wurden. Grabungen vor dem Ersten Weltkrieg unterstreichen die Annahme, dass es sich eher um eine repräsentative spätantike Palastanlage handelt.

Eine Thermenanlage aus der Zeit um 300 ist zwar nachgewiesen, wird jedoch der monumentalen kaiserlichen Residenz zugerechnet. Diese Anlage ist noch rudimentär vorhanden, weil sie in die mittelalterliche Stadtmauer des 12. Jahrhunderts integriert worden war. Noch 20 Meter ragt heute die Ostapsis dieser Anlage in die Höhe.

Hier wurde Badekultur gepflegt: Kaiserthermen (Gesamtansicht).

Trier

Amphitheater in Trier

Unweit der Kaiserthermen ergötzten sich in der Blütezeit des Römischen Reiches Zuschauer an zumeist blutigen Spielen. Heute ist das um 100 nach Christus erbaute Amphitheater, in dem einst 20.000 Schaulustige Platz fanden, ein Ort moderner Gladiatorenkämpfe, wenn alljährlich clevere Kultur- und Tourismusmanager zu Brot und Spielen der Neuzeit rufen. Dann stürmen die Helden der Arena mit gezückten Schwertern aufeinander los oder messen sich miteinander im Faust- und Ringkampf. Auf Leben und Tod werden diese Kämpfe nicht mehr geführt und der Unterlegene wird auch nicht wie zur Römerzeit den Löwen zum Fraß vorgeworfen.

Kurz & kompakt

TOURISMUSINFORMATION

Tourist-Information Trier
An der Porta Nigra
54290 Trier
Tel.: 0651-97 80 80
E-Mail: info@tit.de
www.trier.de/tourismus

SEHENSWÜRDIGKEITEN

Dom
Dominformation Tel.: 0651-97 90 79-0
www.trierer-dom.de

Kaiserthermen
tagesaktuelle Öffnungszeiten:
www.heute-in-trier.de

Porta Nigra
Öffnungszeiten: wie Kaiserthermen; letzter Einlass 30 Minuten vor Schließung

Amphitheater
Öffnungszeiten: wie Kaiserthermen; letzter Einlass 30 Minuten vor Schließung

MUSEEN

Bischöfliches Dom- und Diözesanmuseum
Windstr. 6-8
54290 Trier
Tel.: 0651-710 52 55
E-Mail: museum@bgv-trier.de
www.museum.bistum-trier.de

Kaisertherme, Mauerreste und einige freigelegte unterirdische Gänge

UNTERKÜNFTE

Dorint Porta Nigra**
Porta-Nigra-Platz 1
54292 Trier
Tel.: 0651-270 10
E-Mail: Info.ZQFTRI@dorint.com
www.dorint.com/trier

Hotel Frankenturm
Dietrichstr. 3
54292 Trier
Tel.: 0651-97 82 40
E-Mail: frankenturm@t-online.de
www.hotel-frankenturm.de

Jugendgästehaus
An der Jugendherberge 4
54292 Trier
Tel.: 0651-14 66 20
E-Mail: jh-trier@djh-info.de
www.djh-info.de

Restaurants/Cafés

Zum Domstein
Am Hauptmarkt 5
54290 Trier
Tel.: 06517 44 90
E-Mail: info@domstein.de
www.domstein.de

**Historischer Keller
(Karstadt-Kaufhaus)**
Simeonstr. 46
54292 Trier
Tel.: 0651-46 94 96
E-Mail: Gastronomie.tier@karstadt.de
und info@historischer-keller.de
www.historischer-keller.de

Brasserie
Fleischstr. 12
54290 Trier
Tel.: 0651 97 80 00
brasserie-trier@t-online.de
www.brasserie-trier.de

Café-Restaurant „Zur Steipe"
Am Hauptmarkt 14
54292 Trier
Tel.: 0651-145 54 56

Coyote Café
Nikolaus-Koch-Pl. 5
54290 Trier
Tel.: 0651-994 76 06

Radverleih

Radstation Bahnhof, Gleis 11
(Bahnhofpl. 1)
Tel.: 0651-14 88 56

Alte Hütte Völklingen:
EIN METHUSALEM DER MODERNEN EISENZEIT

Längst sind die sechs Hochöfen der Alten Hütte erkaltet. Rostverkleidet ragen sie weithin sichtbar in den Himmel. Bereits vom Bahnhof Völklingen aus kann man die Hochofenanlage mit dem Erzschrägaufzug ausmachen, ebenso den mächtigen Wasserturm. Ein besonderes Spektakel ist vor allem ein nächtlicher Besuch der Alten Hütte, wenn der Wasserturm in Lichtblau und die übrigen Gebäude in Gelb, Lichtgrün und Rot getaucht sind – eine kunstvolle Lichtinszenierung von Hans Peter Kuhn für einen „Zeitzeugen der Industriekultur".

HIER WIRD NOCH STAHL GEKOCHT

Umgeben ist die Alte Hütte von den Betriebsanlagen des Unternehmens Saarstahl, das bis heute aus Roheisen und Schrott Stahl kocht und zu Drähten, Stab- und Formstahl verarbeitet. Das Rohprodukt kommt aber nicht mehr aus der Alten Hütte. Längst schafft der moderne Hochofen der Dillinger Hütte eine vielfache Menge dessen, was die Hütte in Völklingen zu schaffen in der Lage wäre, wenn die Hochöfen nicht längst in einen Dornröschenschlaf gefallen

wären. Wer zwischen Dillingen und Völklingen so genannte Torpedowagen bei der Bahnhofsdurchfahrt erlebt, wundert sich vielleicht über den angenehm warmen Wind. Des Rätsels Lösung: Er wurde gerade Zeuge eines Transports von flüssigem Roheisen, das in Völklingen verarbeitet wird. Hier werden Konverter gefüllt und die erzeugte Stahlmenge zum Beispiel für den Stahlguss verwendet. Wer gerne einen Einblick in die Stahlerzeugung von heute erhalten möchte, fragt bei Saarstahl nach der Möglichkeit einer Betriebsbesichtigung.

Ein Zeugnis vergangener Industriekultur

Ein Stück Nostalgie hingegen umweht die Besucher der Alten Hütte. Seitdem im Jahr 1986 die Hochöfen kalt geworden sind, steht die Völklinger Hütte unter Denkmalschutz und seit 1994 auf der Liste des UNESCO-Welterbes. Begründet wurde dies mit dem Umstand, dass die Hütte ein einzigartiges Zeugnis der Industriekultur und der Technikgeschichte des 19. und frühen 20. Jahrhunderts ist. Noch Jahre nach der Stilllegung kann man auf der Hütte den Prozess einer großtechnischen Roheisenerzeugung nachvollziehen. Darüber hinaus gilt die Alte Völklinger Hütte als eine „Kathedrale des Industriezeitalters", die für die erste und zweite industrielle Revolution steht.

Doch auch hier bleibt die Zeit nicht stehen: „Der Methusalem der modernen Stahlschmelze", wie er auch genannt wird, entwickelt sich unterdessen mehr und

Ausgedient haben die sechs Hochöfen der Alten Völklinger Hütte.

mehr zu einem Ort internationaler Musikveranstaltungen und Ausstellungen. Als Ausstellungsorte dienen die Gebläsehalle und die Möllerhalle.

Zur Geschichte der Hütte

Gegründet wurde die Anlage 1873 auf Betreiben des Ingenieurs Julius Buch. Doch sehr erfolgreich waren die Anfangsjahre nicht. Erst als 1881 die Industriellenfamilie Röchling die Hütte gekauft hatte, begann der rasante Aufstieg des Unternehmens. Dies ist vornehmlich dem Kommerzienrat Carl Röchling (1827–1910) und dessen Sohn Hermann Röchling (1872–1955) zu verdanken. Unter ihrer Leitung entwickelte sich die Hütte zu einem der wichtigsten Stahlwerke Europas. Die noch heute bestehenden sechs Hochöfen wurden zwischen 1882 und 1903 erbaut. Auf der Hütte fanden bis zu 17.000 Menschen Arbeit. Aufgrund der weltweiten Stahlkrise in den 1970er Jahre sanken die Beschäftigtenzahlen jedoch, das Ende der Stahlerzeugung war eingeläutet. 1986 wurde der letzte Hochofen ausgeblasen, die aktive Zeit der Völklinger Hütte war vorbei. Doch das Stadtbild prägend bleibt die Hütte nach wie vor, auch wenn die „Hidd" nun nicht mehr der wichtigste Arbeitgeber ist – was in der Stadt sichtbare Spuren hinterlassen hat.

Eine Hüttentour

Die Lage an der Saar und die Tatsache, dass 1860 bereits ein Eisenbahnanschluss bestand, haben die Industrieansiedlungen in Völklingen befördert. Neben dem Schienenanschluss nach außen gab es auf dem Hüttengelände ein 20 Kilometer umfassendes Schmalspurbahnnetz, das von Dampf- und Dieselloks befahren wurde. Unter den eingesetzten Loks war auch die Diesellok 34 (Bj. 1946), die noch heute auf dem Freigelände zu sehen ist. Auf einem Teil des ursprünglichen Schienenstrangs ist der Besucher unterwegs, wenn er sich den Erzschiefaufzug, die Möllerhalle und die Sinteranlage anschauen will.

Die Sinteranlage, 1928 die weltweit größte ihrer Art, verarbeitete Abfallstaub. Aus diesem Abfall wurde bei 1200 Grad Celsius

Ein Blick aus luftiger Höhe über das Hüttengelände

Die Zeit scheint stehen geblieben zu sein.

Sinterkuchen gebacken, der für die Stahlproduktion tauglich war. Kaum vorstellbar ist heute, dass täglich 32 Tonnen Sinterstaub in der Luft über Völklingen lagen und sich als braune Schicht auf den Fensterbänken absetzten.

Der klotzige Wasserhochbehälter, der heute noch einige tausend Kubikmeter Wasser bevorratet, sorgte für den „Rohstoff", der für die Kühlung der Hochöfen notwendig war. 20 Pumpen wurden für den Umlauf des Kühlwassers betrieben. Kein Handwerkerlärm dringt mehr aus der Handwerkergasse, in der sich seit 1989 Studierende der Hochschule für Bildende Künste Saar niedergelassen haben. Auch die Rohstoffbunker sind leer,

in denen sich nun die Natur ihr Terrain zurückerobert. Eine grüne Moosschicht breitet sich über die Gleisanlagen aus und ein Rotschwänzchen flattert im Schütttrichter umher. Neben Stahlbeton und Backstein entdeckt der Besucher hier und da auch andere Farbtupfer im Gelände: blühende Disteln, Löwenzahn und Hundskamille. Es scheint, als würde sich an diesem Industriestandort nach und nach eine Naturidylle entwickeln.

Neben Eisen brauchte die Hütte auch Koks, da Steinkohle wegen des hohen Schwefelgehalts zur Befeuerung der Hochöfen ungeeignet war. In der hütteneigenen Kokerei, die 1897 in Betrieb ging, wurde für den notwendigen Koks gesorgt.

Zur gleichen Zeit wie die Sinteranlage entstand auch der Rohstoffbunker, in dem Gichtstaub und Feinerze zwischengelagert wurden.

Kernstück der Anlage sind die sechs Öfen, die letztmals in den 1970er Jahren erneuert wurden. 1100 Tonnen Roheisen konnte jeder der Öfen am Tag produzieren. Zum Vergleich: Die Dillinger Hütte schafft heute eine Tagesmenge von 12.000 Tonnen je Hochofen. Kein Wunder also, dass man die veraltete und nicht mehr erneuerbare Anlage stillgelegt hat.

Nicht wegzudenken ist in der Hochofengruppe die Möllerhalle, in der das Rohstoffgemisch für den Hochofen zusammengestellt wurde: Eisenerz, Sinter, Schrott und Kalk. 30 Arbeiter befüllten in den Gängen der Möllerhalle die Wagen, die über den Erzschrägaufzug zu den Hochöfen gelangten. Dieser 27 Meter hohe Aufzug entstand zwischen 1911 und 1918. Tag und Nacht waren 300 Wagen quietschend im Einsatz. Unter dem Aufzug befand sich das 1914 erbaute Hochofenbüro und die Kaffeeküche, in der die Arbeiter sich Tee und Kaffee kochen konnten.

Auf der Hütte wurde immer schon geschuftet, aber bisweilen auch unter Zwang. Das Thema „Zwangsarbeit" wird dem Besucher auf dem Rundgang nicht verschwiegen, auch wenn es nur gestreift wird: Vornehmlich Männer und Frauen aus Russland und Polen, aber auch aus Belgien und den Niederlanden waren unter den 14.000 Zwangsarbeitern des Röchlingschen Eisen- und Stahlwerks 1944/45 im Einsatz.

Kurz & kompakt

TOURISMUSINFORMATION
Tourist-Information
Im Alten Bahnhof
Rathausstr. 57
66333 Völklingen/Saar
Tel.: 06898-211 00
E-Mail: tourist-info@voelklingen.de
www.voelklingen.net

SEHENSWÜRDIGKEITEN
Welterbe Völklinger Hütte
Europäisches Zentrum für Kunst und Industriekultur
66302 Völklingen/Saar
Tel.: 06898-910 01 00
E-Mail: mail@voelklinger-huette.org
www.voelklinger-huette.org
und www.ferrodrom.de

Saarstahl AG
Standort Völklingen
Tel.: 06898-10 30 38 oder 10 21 12
E-Mail: saarstahl@saarstahl.com
Informationen zu Werksbesichtigungen:
Blasstahlwerk mit Stranggießanlage am Standort Völklingen sowie Großschmiede und Edelstahlbearbeitungswerkstatt eben dort

Erzschrägaufzug vor dem Hochofen 6 der Völklinger Hütte

UNTERKÜNFTE
Hotel-Ristorante Kurtz
Kühlweinstr. 19
66333 Völklingen
Tel.: 06898-263 11 oder 243 34
E-Mail: info@hotel-ristorante-kurtz
www.hotel-ristorante-kurtz.de

Parkhotel Gengenbach
Kühlweinstr. 70
66333 Völklingen
Tel.: 06898-91 47 00
www.gourmetguide.com/parkhotelgengenbachorangerie

RESTAURANTS/CAFÉS
Brückenschenke
Schaffhauser Str. 2
66333 Völklingen
Tel.: 06898-2 14 37
E-Mail kontakt@brueckenschenke-wehrden.de
www.brueckenschenke-wehrden.de

Ferrodrom, Science Center zur „Erlebniswelt des Eisens"

Ort des Geschehens ist die Möllerhalle der Völklinger Hütte mit ihren Schütten und Loren, die für den Transport der Rohstoffe zur Herstellung von Eisen unerlässlich waren. Seit 1986 sind sie außer Betrieb gestellt wie auch die übrigen Teile der Anlage, die von den Walzwerken und der Stahlkocherei von Saarstahl umgeben sind. Hier wird nach wie vor in Konvertern, die 150 Tonnen Roheisen und Schrott fassen, Stahl gekocht. Der Rohstoff, flüssiges Eisen, wird in so genannten Torpedowagen aus Dillingen auf dem Schienenweg nach Völklingen gebracht, wo 1.500 verschiedene Stahlsorten hergestellt werden, Stab- und Formatstahl ebenso wie Konstruktionsprofile. Bei Saarstahl ist das Feuer noch entfacht, nutzt man es zur Stahlherstellung. In der Alten Hütte, die nachts in buntes Licht getaucht wird, ist nur noch der Rost gegenwärtig, die aktive Zeit längst Vergangenheit.

Die Konzeption der Ausstellung Ferrodrom® basiert auf den vier Elementen Feuer, Wasser, Erde, Luft. Dabei sind die Elemente, die am Anfang der Schau vorgestellt werden, auch die Urstoffe der Eisenerzeugung: das der Erde abgerungene Eisenerz, Feuer zum Schmelzen des Erzes, Luft, ohne die kein Feuer brennt, und das kühlende Wasser zur Bändigung des Feuers.

Zu den Elementen erfährt der Besucher viel Wissenswertes: „Der Mensch braucht 2,5–3,5 Liter Wasser" und „0,3 % des Wasservorrats auf der Erde ist Süßwasser und schmeckt am besten bei Temperaturen von 7 bis 12 Grad Celsius" sind Aspekte des Elements Wasser. Mit Bildern von aufbrausendem, klatschendem und brodelndem Wasser wird das Thema „Ohne Wasser kein Leben" vermittelt – nicht nur visuell, sondern auch hörbar. Von den Wänden perlt und tropft es aus großer Höhe, doch man wird zum Glück nicht nass und kann darüber nachsinnen, wozu denn eine Hochofenanlage Wasser benötigt. Auch das Feuer lodert unaufhörlich, Rotlichtstrahler sorgen dafür, dass es dem Besucher nicht allein beim Anblick speiender Vulkane heiß wird. Und gewiss erglüht ein jeder beim Blick in einen Hochofen: 2000 Grad Celsius herrschen in seinem Inneren.

Ein Lufthauch streicht uns über die Wange, als wir weitergehen, um uns mit

der Luft zu befassen. Sie besteht zu 78 Prozent aus Stickstoff und zu 21 Prozent aus Sauerstoff, den Rest machen Edelgase und Kohlendioxid aus – so lesen wir im Halbdunkel des „Luftkanals". Der so genannte Brumm in einem Nebengang ist ein „Urvieh" aus dem Hüttenalltag, ein selbst gebauter Ofen der Hüttenmänner, die in der luftigen Möllerhalle oder an anderen Orten der Hochofenanlage sommers wie winters bei jeder Temperatur arbeiten mussten und bisweilen ein wenig Wärme brauchten.

Nach dem „Gang durch drei der Elemente" stehen wir in der Möllerhalle, um uns mit dem vierten, dem Erz zu befassen. Hier waren 30 Arbeiter pro Schicht mit dem Abfüllen und Wiegen des Rohmaterials beschäftigt. Und auch hier vermittelt die Ausstellung ein lebendiges Bild der einstigen Arbeitsplätze, erfährt der Besucher davon, dass die Hochöfen monatlich 250.000 Tonnen Erz und Sinter „fraßen". Die Schütten und die mit Erzpellets gefüllten Wagen in der Halle sind allerdings nur die stummen Zeugen der aktiven Hüttenzeit. Am 4. Juli 1986 wurde das letzte Roheisen abgestochen. Der Alltag auf der Hütte ist seither nur noch virtuell und museal erlebbar, so auch in den kurzen Videointerviews, in denen Hüttenmitarbeiter von ihrer Arbeit berichten.

Blick auf die Sinteranlage und Möllerhalle der Völklinger Hütte

ORTSREGISTER

Aachen 13, 199, **209-213**
Aalst **117-118**
Abcoude 21, 33, 37, 42, 43
Alblasserdam 53
Amsterdam 11, 13, 17, **22-24**,
.... 29, 34, 37, 38, 43, 44, 47
Andenne 67
Antwerpen 13, **61-65**, 68,
.... 83, 145, 163
Arnhem 59

Beemster 11, 13, **17-21**, 33
Beverwijk 23
Binche 117, **173-174**
Bonn 12, 191, 196, 199
Brügge 11, 13, 15, 66, 83,
.... 124, 129, **145-153**
Brühl 12, 13, **196-199**
Brummen 59
Brüssel 11, 13, **85-101**,
.... 117, 142, 145, 201

Charleroi **177-178**
Charteroil 178

De Kwakel 41
Dendermonde **113-116**
Den Haag 59
De Rijp 18, 32
Diemen 21, 33
Diest 11, **158-160**
Diksmuide **127-128**
Dillingen 229, 234
Dokkum 48

Edam 23, **25-26**, 32, 33
Eeklo **123**, 177
Elshout 13
Emden 61
Emmeloord 45, 46
Ens 45, 46
Enschede 59
Essen 12, 13, **200-207**

Gent 11, 83, **119-122**, 145

Haarlem 31, 34, 35, 41-43
Haarlemmerliede 33
Harlingen 48
Hasselt 123
Heemskerk 33
Herentals 72, 73
Heusden 22
Hoofddorp 21, 23, 33, 35, 36, 41
Hoogstraten 68, 69
Houdeng-Goegnies 109, 111

JJ 's-Graveland 41

Katernberg 201
Kinderdijk 11, 51, 52, 53
Köln 12, 13, 15, **189-195**, 196, 199
Kortrijk 83, **139-141**
Krommenie 21, 33
Kudelstaart 36
Kwadijk 26

La Louvière **109-111**
Landen 162, 164
Langemark 127
Lemmer 11, 13, 47, 48, 49
Lier 67, **74-76**
Lo-Reninge **133**
Löwen 11, **155-157**
Lüttich 175
Luxemburg-Stadt 11, 13, **181-187**

Marcinelle 178
Markenbinnen 32
Mecheln 11, 67, **77-81**, 83, 155
Menen **138**
Middelbuurt 44, 45
Middenbeemster 32
Molenstede 160
Mons **106-108**, 111
Muiden 39, 40, 41-43

Namur **179**
Nieuwpoort **129-130**

Oosthuizen 18
Oudenaarde 102, **142-143**

Passendaele 127
Purmerend 21, 26, 33

Roeselare **125-126**
Rotterdam 51

Sint-Amandsberg 122
Sint-Truiden **165-167**
Spaarndam 24
Speyer 13, 15, **215-219**
Spiennes 13, **107-108**
Stavoren 48

Thieu 109
Thuin **175-176**
Tielt **124**
Tienen **161-162**, 163, 164
Tongern 11, 83, 163, **169-171**
Tournai 13, 15, **102-105**,169
Trier 11, 13, 192, **220-227**
Turnhout **70-71**

Uitgeest 33
Uithoorn 21, 33, 36, 41-43
Utrecht 13, **55-59**

Veurne **131-132**
Vijfhuizen 41
Vlissingen 61
Völklingen **228-235**

Weesp 21, 23, 24, 33, 38, 41, 42, 43
Westerhem 20
Woerden 59
Workum 49
Wormerveer 21

Ypern 127, 129, **134-137**

Zoutkamp 48
Zoutleeuw 162, **163-164**

Fotonachweis

Alle Fotos stammen vom Autor, außer:

Toerisme Vlaanderen:	S. 60, 66, 67, 74, 75, 82, 128, 148, 163
Tourisme Wallonie:	S. 102
Ministerie van de Vlaamse Gemeenschap, afdeling Monumenten en Landschappen:	S. 113, 120, 121, 139, 158, 160, 180
Foto FTPH/C. Carpentier:	S. 106, 109, 110, 111, 173, 174, 175, 178
Joel Etzold:	S. 157
Jesko Kersten:	S. 234, 235
Wouda:	S. 47, 48
GEV:	S. 10, 84, 87, 89, 92, 94, 99
Weichselbaum H.L.:	S. 62, 158, 165, 167, 170, 171
Soenens:	S. 69, 69
Kinderdijk:	S. 53
Nieuwenhof:	S. 112, 140
Kouprianoff:	S. 117, 147
Dys R.:	S. 127
De Kiewith:	S. 134, 144, 146, 148, 150
DVT Hasselt:	S. 154
Conway A.:	S. 155
Spelmans Harrie:	S. 161, 162
Landesverkehrsamt Luxemburg:	S. 183, 185, 187